Andrea Stigger

Warum vegan?

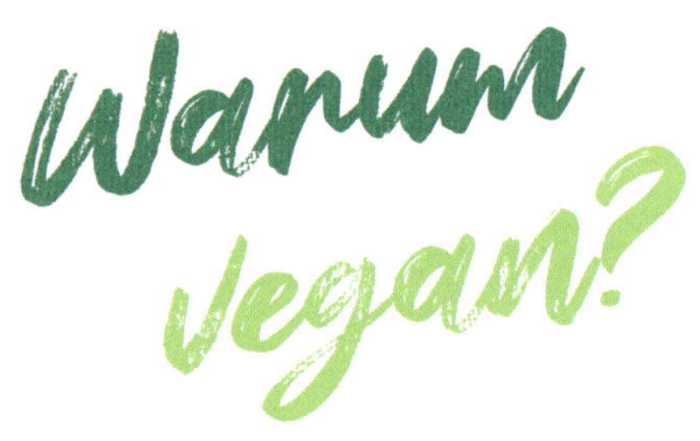

- ☑ für unsere **Gesundheit**
- ☑ für das Wohl der **Tiere**
- ☑ für unser **Klima**

Täglicher Ernährungsplan

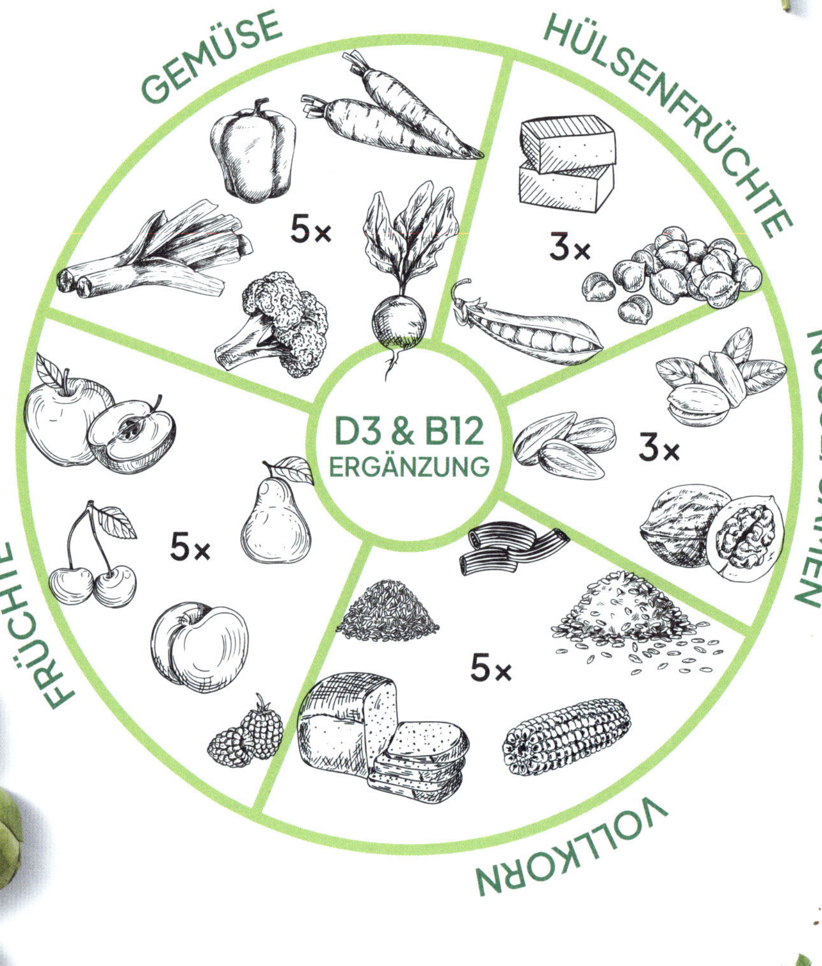

GEMÜSE
5×
HÜLSENFRÜCHTE
3×
NÜSSE/SAMEN
3×
VOLLKORN
5×
FRÜCHTE
5×
D3 & B12
ERGÄNZUNG

Vegan Vibes

99 abwechslungsreiche Rezepte für deinen Alltag

Tyrolia-Verlag · Innsbruck-Wien

Liebe Leserinnen, liebe Leser,

ich bin Andrea und freue mich, wenn ihr mich auf der veganen Reise durch mein Buch begleitet. Mit gesunden, bunten und schmackhaften Highlights möchte ich euch inspirieren und motivieren, die Vielfalt der veganen Küche selbst zu erleben. Ich koche und gestalte sehr gerne, kreiere und veganisiere alle möglichen Gerichte und versuche dabei auch, alte, traditionelle Gerichte neu zu erfinden. Das klappt sehr oft und ich bin immer wieder fasziniert, wie gut vegan schmecken kann!

Um mein Wissen zu vertiefen, habe ich eine Ausbildung zur dipl. Ernährungstrainerin an der Vitalakademie absolviert und mich intensiv mit dem veganen Lebensstil beschäftigt. Mittlerweile bin ich eine hundertprozentig überzeugte Veganerin – die Themen Gesundheit, Tierwohl und Klima liegen mir sehr am Herzen. Eine ausgewogene pflanzenbasierte Ernährung ist gesund, tier- und klimafreundlich und außerdem ein kulinarischer Genuss ohne Reue!

Die Antwort auf die Frage, was Veganer:innen eigentlich essen können, findet ihr in meinem Buch – Mahlzeit und gutes Gelingen!

Andrea Stigger

www.andrea-kocht-vegan.at

andistigger

Inhalt

Tipps
zum Kochen
& Backen

Die wichtigsten essenziellen Nährstoffe der veganen Ernährung

Die Nährstoff-Tabelle wurde mit freundlicher Genehmigung von www.vegan.at zur Verfügung gestellt.

Hauptnährstoffe

Die Energielieferanten für unseren Körper

Hülsenfrüchte und Getreide ergeben eine ideale Protein-kombination!

Eiweiß

Aufbau und Erneuerung von Zellen und Gewebe

- Hülsenfrüchte wie Bohnen, Linsen, Kichererbsen, Erbsen
- Tofu, Tempeh, Sojamilch und -joghurt, Sojagranulat, Sojamedaillons u. Ä., Seitan
- Getreide
- Nüsse und Samen

Kohlenhydrate

Energieversorgung der Körperzellen

- Brot
- Nudeln
- Reis
- Kartoffeln
- Haferflocken
- Hirse
- Amarant
- Quinoa

Fett

Energieversorgung, Zellmembranbestandteil

- Öle
- Nüsse
- Samen
- Avocados
- Margarine
- Kokosfett

Omega-3-Fettsäuren

Hemmung von Entzündungsprozessen, Entwicklung der Augen- und Gehirnfunktionen

- Lein-, Hanf- und Rapsöl
- Leinsamen
- Chiasamen
- Hanfsamen
- Walnüsse
- Walnussöl
- Algenölkapseln
- Algenöl

Mineralstoffe

Lebensnotwendige anorganische Nährstoffe

Natrium & Chlorid

Regulation des Wasserhaushalts, Erhalt der Gewebespannung, Magensäure

- Kochsalz

Kalium

Erhalt der Gewebespannung, Reizweiterleitung im Nervensystem

- Gemüse
- Hülsenfrüchte
- Pilze
- Trockenfrüchte
- Nüsse und Samen
- Obst

Kalzium

Knochen und Zähne, Blutgerinnung, Funktion jeder Körperzelle, Reizübertragung

- Mohn
- Sesam
- grünes Blattgemüse wie Brennnessel, Grünkohl, Rucola
- Petersilie
- Mandeln
- angereicherte Sojamilch
- Tofu (mit Kalziumchlorid gewonnen)
- kalziumreiches Mineralwasser (über 200 mg/l)

Phosphor

Knochen und Zähne, Aufrechterhaltung des pH-Werts

- Hülsenfrüchte
- Nüsse
- Pilze
- Hefe

Magnesium

Reizübertragung von Nerven an/zu Muskeln, Knochenmineralisierung, Enzymaktivierung

- Pinienkerne
- Sonnenblumenkerne
- Sesam
- Sojagranulat u. Ä.
- Amarant
- Quinoa
- Hülsenfrüchte
- Nüsse
- Vollkorngetreide
- grünes Blattgemüse

Spurenelemente

Von diesen braucht der Körper nur geringe Mengen

Vitamin C verbessert die Aufnahme von Eisen und Zink

Eisen

Blut- und Muskelfarbstoffe, Blutbildung, Sauerstofftransport, Immunsystem

- Sesam
- Mohn
- Amarant
- Leinsamen
- Quinoa
- Pistazien
- Pinienkerne
- Hirse
- Hülsenfrüchte
- Sonnenblumenkerne
- Vollkorngetreide
- grünes Gemüse wie Fenchel, Grünkohl
- Petersilie
- getrocknete Früchte wie Marillen und Pfirsiche
- Obst
- Hülsenfrüchte

Jod

Schilddrüsenhormone, Stoffwechsel und Energieumsatz

- Algen
- jodiertes Speisesalz
- Supplemente

Selen

Antioxidans, Enzymaktivierung, Immunsystem

- Paranüsse
- Gemüse

Zink

Immunsystem, Bestandteil vieler Enzyme, Antioxidans, Haut, Haare, Nägel

- Mohn
- Kürbiskerne
- Bierhefe
- Sonnenblumenkerne
- Hülsenfrüchte
- Vollkorngetreide
- Nüsse und Samen

Vitamine

Organische Verbindungen, benötigt für lebensnotwendige Funktionen

Vitamin A

Sehvorgang, Infektabwehr, Antioxidans, Haut und Schleimhäute

- Karottensaft
- Karotten
- getrocknete Marillen
- Süßkartoffeln
- weiteres oranges und dunkelgrünes Obst und Gemüse

Vitamin B1

Stoffwechsel von Kohlenhydraten, Nervengewebe

- Hefeflocken
- Sonnenblumenkerne
- Pinienkerne
- Nüsse und Samen
- Sojagranulat, Sojamedaillons u. Ä.
- Vollkornprodukte
- Hülsenfrüchte
- Gemüse

Vitamin B2

Energiegewinnung, Stoffwechsel von Kohlenhydraten, Eiweiß und Fett

- Hefeflocken
- Sonnenblumenkerne
- Pinienkerne und weitere Nüsse und Samen
- Sojagranulat, Sojamedaillons u. Ä.
- Vollkornprodukte
- Hülsenfrüchte
- Gemüse

Niacin

Kohlenhydrat-, Eiweiß- und Fettstoffwechsel, Zellteilung und Signalweiterleitung, Immunantwort

- Hefeflocken
- Erdnüsse
- Nüsse
- Pilze
- Vollkornprodukte
- Hülsenfrüchte

Pantothensäure

Kohlenhydrat- und Fettstoffwechsel

- Hefeflocken
- getrocknete Marillen
- Steinpilze und andere Pilze
- Hülsenfrüchte
- Vollkornprodukte

Vitamin B6

Eiweißstoffwechsel, Immunsystem, Bildung des roten Blutfarbstoffs

- Hefeflocken
- Kichererbsen und andere Hülsenfrüchte
- Sojaprodukte
- Nüsse
- Vollkornprodukte

Biotin

Abbau bestimmter Fett- und Aminosäuren, Haut und Haare

- Hülsenfrüchte
- Getreide
- Pilze
- Nüsse
- Hefe

Folsäure
Zellteilung und -neubildung, Blutbildung

- Hefeflocken
- Hülsenfrüchte
- Petersilie
- Spinat
- Vogerlsalat
- Lauch
- Kohlsprossen
- viele weitere Gemüsesorten
- Vollkornprodukte

Vitamin B12
Blut- und Zellbildung, Nervensystem

- Supplemente
- angereicherte Lebensmittel wie Sojamilch
- Vitamin-B12-Zahnpasta

Vitamin C
Immunsystem, Aufbau von Bindegewebe, Knochen und Zähne, Antioxidans

- Hagebutte
- Sanddorn
- Brennnessel
- Paprika
- Brokkoli
- Fenchel
- Kohlsprossen
- Papaya
- Zitrusfrüchte
- Kiwi
- viele weitere Obst- und Gemüsesorten

Vitamin D
Einlagerung von Kalzium in die Knochen, Regulation des Kalzium- und Phosphatstoffwechsels, Immunsystem

- Sonnenlicht
- in geringen Mengen in Pilzen
- in geringen Mengen in angereicherten Lebensmitteln wie Sojamilch
- Supplemente

Vitamin E
Antioxidans, Immunsystem, Bestandteil der Körperzellwände

- Öl
- Sonnenblumenkerne
- Erdnüsse
- Paranüsse
- Pistazien
- Nüsse
- Wirsing
- Paprika
- Vollkorngetreide

Vitamin K
Blutgerinnung, Knochenstoffwechsel

- dunkelgrünes Blattgemüse wie Spinat, Fenchel, Salat, Brokkoli
- Petersilie
- Linsen
- Erbsen

Saisonales, regionales Obst und Gemüse aus biologischem Anbau bevorzugen!

Vorratskammer – Basics für die vegane Küche

Hülsenfrüchte, Reis, Getreide

- Linsen, Kichererbsen, Bohnen, Erbsen (trocken)
- Getreide ganz, Mehle (Dinkelmehl, Roggenmehl, Einkornmehl etc.)
- Kokosmehl, Sojamehl, Mandelmehl, Stärkemehl (Tapioka)
- Rollgerste, Dinkelreis, Vollkornreis und Einkornreis
- Hirse, Maisgrieß, Hartweizengrieß
- Amarant und Quinoa (Pseudogetreide)
- Buchweizen

Soja

- Sojagranulat

Nüsse, Samen, Kerne

- Leinsamen
- Chiasamen
- Nüsse und Kerne (z. B. Cashewkerne, Mandelkerne ...)
- Nuss-Mus
- Sesam und Sonnenblumenkerne

Vollkornprodukte

- Vollkornnudeln
- Vollkornbrot
- Knäckebrot

Milchersatzprodukte

- Sojamilch und Sojajoghurt
- Hafermilch und Haferjoghurt
- Mandelmilch und Mandeljoghurt etc.
- Tofu (Natur und geräuchert)
- Tempeh
- veganer Käse

Essig, Öle

- Olivenöl, Rapsöl, Leinöl, Algenöl, Sonnenblumenöl, Margarine
- Apfelessig, Balsamico, Kräuteressig

Gemüse, Obst, Trockenfrüchte

- Obst und Gemüse je nach Jahreszeit
- Trockenfrüchte

Knollen

- Kartoffeln, Zwiebeln und Knoblauch, Rote Rüben, Karotten, Sellerie etc.

Tomaten

- Tomatenpulpa, Tomatenpüree und getrocknete Tomaten - wenn möglich alles aus dem Glas

So hat man immer und in Sekundenschnelle Knoblauch, wenn man ihn braucht: Knoblauch fein hacken, auf Backpapier kleine Häufchen formen und für einige Stunden in den Tiefkühler geben, dann in Dosen abfüllen!

Gewürze

- Paprikapulver süß, scharf und geräuchert, Salz, Pfeffer, Meersalz
- Kümmel, Fenchel, Anis
- Kala Namak, Garam Masala, Kurkuma, Curry, Chili, Kreuzkümmel ganz und gemahlen, Harissa, Bockshornklee-samen, Umami-Gewürz etc.
- Senf, Srirachasauce, Sojasauce, Hefeflocken, Misopaste
- frische Kräuter wie Basilikum, Rosmarin, Thymian, Oregano, Koriander, Petersilie, Schnittlauch, Majoran, Minze
- getrocknete Kräuter, wenn keine frischen Kräuter zur Verfügung stehen
- Chili frisch und getrocknet

Süßungsmittel

- Agavensirup, Dattelsirup, Ahornsirup, Datteln
- Rohrohrzucker

Getränke

- Kakaopulver und Kaffee
- jede Menge Kräutertee
- eigene kreative Teemischungen

Müsli

- Knuspermüsli (selbst gemacht)
- Porridge

Backhilfsmittel

- Backpulver, Natron, Vanillezucker, Vanilleextrakt, Vanillepulver
- Vanillestange
- Trockenhefe

Was mir noch wichtig ist

- Apfelmus (selbst gemacht)
- Preiselbeermarmelade (wenn möglich selbst gemacht)
- gefrorene Beeren
- gefrorene Kräuter
- Brot (zur längeren Haltbarkeit im Tiefkühler aufbewahren)

In meinem Tiefkühlschrank befinden sich immer

- Petersilie
- Schnittlauch
- Thymian
- Salbei (küchenfertig zubereitet)
- gehackter Knoblauch

Praktische Küchenhelfer

- starke Küchenmaschine
- elektrischer Zerkleinerer
- Joghurtbereiter
- Hochleistungsmixer
- Stabmixer
- eventuell eine Nudelmaschine
- Eismaschine
- Metall- und Glasschüsseln in allen Größen
- Holzbrettchen
- Vorratsgläser mit Bügel- oder Schraubverschluss
- alle Kochlöffel und Küchenhilfen wenn möglich aus Holz

Ich versuche nach Möglichkeit ohne Plastik auszukommen und kaufe langlebige und nachhaltige Produkte.

Ersatzprodukte

Ei-Ersatz

- Sojamehl mit Wasser
  (1 Ei = 1 EL Sojamehl + 2 EL Wasser)
- Stärkemehl
  (1 Ei = 1 EL Stärkemehl + 2 EL Wasser)
- Leinsamen gemahlen (quellen lassen)
  (1 Ei = 1 EL Leinsamen + 2–3 EL Wasser)
- Haferflocken
  (1 Ei = 3–4 EL Haferflocken)
- Banane oder Apfelmus
  1 Ei = ½ Banane oder 3–4 EL Apfelmus
- Backpulver

Milch-Ersatz

- Cashewkerne und Mandeln für Käse-Ersatz
- Cashewkerne für „Mayo" und „Sahne"
- verschiedene Pflanzenmilch-Sorten
- vegane Sahne-Alternative zum Aufschlagen
- vegane Sauerrahm-Alternative
- vegane Kochsahne
- vegane Topfen-Alternative
- Agar-Agar als Gelatine-Alternative

Guten
Morgen

Knuspermüsli mit Nüssen

Vorratsmenge

- 500 g Haferflocken
- 250 g Sonnenblumenkerne
- 250 g ungeschälter Sesam
- 200 ml Wasser
- 2 EL Rapsöl
- 200 g Walnüsse
- 200 g Mandeln
- 200 g Cashewkerne
- 100 g Pekannüsse
- 100 g Erdnüsse (nach dem Backen dazugeben)

Serviervorschlag

- 50–60 g Müsli
- 200 g Pflanzenjoghurt oder Pflanzenmilch
- 1 TL Leinöl (Omega-3-Fettsäuren)
- 1 TL Hanfsamen (Protein)
- Beeren und Früchte nach Belieben
- Agavensirup (optional)

Zuerst alle Zutaten bis auf den Sesam und die Nüsse gut mischen. Den Sesam in einer Pfanne ohne Öl kurz rösten und abkühlen lassen, anschließend zur Masse geben (kann wahlweise auch ohne Anrösten ins Müsli gegeben werden). Die grob gehackten Nüsse ganz zum Schluss unterheben.

Den Backofen auf 160 °C Heißluft vorheizen (mit dem Blech). Die Masse auf dem heißen Blech verteilen und ca. 45 min backen, zwischendurch die Masse auflockern. Die abgekühlte Müslimasse schließlich in gut verschließbare Behälter füllen.

Müslis können sehr kreativ zusammengestellt werden – unterschiedliche Früchte, Nüsse, Äpfel frisch oder getrocknet, Marmeladen (wenn es mal schnell gehen muss) etc.

Ein super Start in den Tag: Nüsse und Samen sind hervorragende Proteinquellen.

Porridge

1 Portion

- 60 g Haferkleie, grob
- 10 g Datteln oder Rosinen
- 10 g Feigen
- 10 g getrocknete Äpfel
- 10 g Nüsse
- 1 TL Leinsamen
- 200 ml Pflanzenmilch

Datteln/Rosinen, Feigen, getrocknete Äpfel und Nüsse grob hacken und mit der Haferkleie und dem Leinsamen mischen. 200 ml Pflanzenmilch erhitzen und das Porridge einrühren – ca. 3 bis 4 min quellen lassen, mit frischen Früchten garnieren und genießen!

Overnight Oats: Das Porridge kann auch über Nacht in Pflanzenmilch oder Pflanzenjoghurt quellen – wird sehr sämig. Mit Bananen, Apfelscheiben, Heidelbeeren und Granatapfelkernen verfeinern.

Leinöl: Zum Müsli oder Porridge immer 1 EL Leinöl dazugeben (hoher Anteil an Omega-3-Fettsäuren). So startest du mit bester Nährstoffversorgung gut in den Tag!

Obstsalat

Leichter Genuss am Morgen

2 Personen

- 50 g Heidelbeeren
- 50 g Himbeeren
- 30 g Stachelbeeren
- 30 g Johannisbeeren
- 30 g Marillen
- 50 g Erdbeeren
- ½ oder 1 ganze Banane

Die gewaschenen Früchte mischen und anrichten. Wer möchte, kann noch Pflanzenjoghurt untermischen. Am besten saisonale Früchte in Bioqualität verwenden!

In den kleinen Powerpaketen stecken viele Vitamine, Ballaststoffe und Mineralien, aber wenige Kalorien – klingt doch gut!

Wachmacher-Smoothie

2 Personen

- 1 Banane
- 1 Apfel
- 100 g Himbeeren
- 100 g Blaubeeren
- 1 cm Ingwer
- 1–3 Minzblätter
- etwas Apfelsaft

Zum Bestreuen

- Nüsse
- Sonnenblumenkerne
- Haferflocken, grob

Alle Zutaten im Mixer fein pürieren. Wenn die Masse zu fest ist, mit Apfelsaft verdünnen. In Gläser füllen, mit Nüssen, Sonnenblumenkernen und groben Haferflocken bestreuen.

Dieser Smoothie ist schnell gemacht und eignet sich perfekt für einen frischen Start in den Morgen – mit Vitaminen und Vitalstoffen!

Kala
Namak

Veganes Tofu-„Rührei"

2 Personen

- 1 kleine Zwiebel
- 1 TL beliebiges Pflanzenöl
- 1 kleine rote Paprika
- 200 g Tofu
- 1 EL Wasser
- ½ TL Kala Namak
- ½ TL Kurkuma

Salz, Pfeffer und Petersilie

Zwiebel fein schneiden und im heißen Öl anrösten. Die Paprika schneiden, Tofu zerkleinern und mitbraten – Wasser und Gewürze dazugeben und weiterbraten. Anrichten und mit Petersilie garnieren.

Am besten schmeckt das „Rührei", wenn man es ganz heiß serviert!

Dein Tag darf auch einmal pikant-würzig starten! Hier das ideale Rezept dafür.

Grüner Smoothie

2 Personen

200 ml Orangensaft, frisch gepresst
1 Apfel
1 kl. Avocado
1 Handvoll Babyspinat
Agavensirup nach Geschmack
Eiswürfel

Alle Zutaten auf höchster Stufe im Mixer pürieren, in Gläser füllen und garnieren!

Vitaminbombe mit vielen sekundären Pflanzenstoffen – gesund und gut!

Dieser Shake liefert viel Energie und gute Laune für den ganzen Tag!

Granatapfel-Eiweißshake

2 Personen

1 Granatapfel
1 Banane
1 EL Hanfsamen
2 EL Leinsamen, geschrotet
200 g Sojadrink
2 EL Mandelmus
1 cm Ingwer

Zum Dekorieren

frische Minze
ein paar Leinsamen
etwas Müsli

Alle Zutaten (bis auf jene zum Dekorieren) im Mixer pürieren. Anschließend mit Leinsamen, Müsli und Minzblättern garnieren, in Gläser füllen und kühl servieren.

Frische-Frühstück mit Pflanzenjoghurt und Nüssen

2 Personen

- 1 Mango
- 1 Apfel
- 1 Handvoll Trauben
- 1 Banane
- 1 Granatapfel
- etwas Apfelsaft
- Pflanzenjoghurt
- ein paar Walnüsse

Mango schälen und in Streifen schneiden, Apfel in Streifen schneiden, die restlichen Früchte waschen. Alles auf zwei Tellern verteilen, mit Apfelsaft beträufeln und mit Granatapfelkernen bestreuen. Mit Pflanzenjoghurt und Walnüssen servieren.

Auch bei diesem Rezept empfiehlt es sich, frische, saisonale Früchte zu verwenden!

Eine Gaumenfreude: liefert reichlich Vitalstoffe sowie Vitamine und kurbelt den Stoffwechsel an

Karotten-Birnen-Zitronen-Smoothie

2 Personen

3 mittlere Karotten
1 Birne
1 Zitrone
Wasser (nach Geschmack)
2 TL Leinöl oder Walnussöl

Die Karotten bürsten, waschen und in Stücke schneiden, die Birne waschen und vierteln, die Zitrone auspressen. Nun die Karotten und die Birne im Mixer pürieren, anschließend Zitronensaft und je nach gewünschter Konsistenz Wasser hinzufügen. Den Smoothie in Gläser füllen und mit 1 TL Lein- oder Walnussöl verfeinern.

Ein Drink für alle Frühstücksmuffel. Er spendet Energie und versorgt dich mit Vitaminen.

Dieser erfrischende Drink macht auch optisch ganz schön was her am Frühstückstisch.

Grünes Schakschuka mit Tomatenpulpa

2 Personen

3 Stangen Frühlingszwiebel
1 grüne Paprika oder Spitzpaprika
1 kleine Zucchini
1 kleinen Brokkoli
100 g Erbsen
einige Karottenstreifen
2 Grünkohlblätter
2 EL Olivenöl
200 ml Tomatenpulpa
½ TL Kreuzkümmel
½ TL Paprika
½ TL Garam Masala
1 EL Tahin (Sesammus)
Salz, Pfeffer und Cayennepfeffer
Chiliflocken (optional)
Ei-Ersatz

Die Frühlingszwiebeln in Ringe und das übrige Gemüse klein schneiden. Olivenöl in einer Pfanne leicht erhitzen (nicht zu heiß) und die Frühlingszwiebeln anschwitzen, das Gemüse und die Gewürze dazugeben und alles kurz anbraten.

Tomatenpulpa zum Gemüse hinzufügen und köcheln lassen (eventuell etwas Wasser nachgießen), anschließend abschmecken. Zum Schluss mit dem Ei-Ersatz ein „Spiegelei“ auf die Masse zaubern. Dazu Eiweiß-Ersatz und Dotter-Ersatz separat mit Wasser anrühren und dann erst die Eiweißmasse, anschließend in die Mitte die Dottermasse geben. Sofort alles heiß servieren!

Dieses pikante Frühstück bietet eine Fülle an wichtigen Nährstoffen.

Traditionelles Frühstück aus der nordafrikanischen und israelischen Küche – Schakschuka bedeutet in etwa „Mischung“.

Dinkel-Palatschinken mit Fruchtfülle

2–3 Palatschinken

- 100 g Dinkelmehl Typ 630 oder Vollkorn
- 1 EL Kokosblütenzucker
- 1 EL Sojamehl
- ½ TL Backpulver
- Hafermilch nach Bedarf
- Öl

Füllung

- 200 g Mandeljoghurt
- 50 g veganer Sauerrahm
- 1 EL Agavensirup
- 1 TL Vanilleextrakt

Außerdem

- Himbeeren, Kiwi, Mango, Erdbeeren und einige Granatapfelkerne oder Früchte nach Belieben und Verfügbarkeit
- Nüsse (optional zum Verfeinern)

Das Mehl mit allen trockenen Zutaten mischen und mit Hafermilch zu einem dickflüssigen Teig verrühren. Für die Füllung alle Zutaten gut miteinander verrühren.
Das Öl in einer Pfanne erhitzen und den Teig mit einem Suppenschöpfer in die Pfanne geben, beidseitig goldbraun backen. Nun die Palatschinke mit der Pflanzenjoghurt-Sauerrahm-Creme füllen, mit Früchten und Nüssen garnieren und servieren!

Diese Palatschinken sind auch bei Kindern sehr beliebt!

Palatschinken einmal anders! Wunderbar frisch und fruchtig, eignen sie sich sehr gut als Frühstück oder süßes Mittagessen.

Kurkuma-Latte

2 Personen

2 cm frischer Ingwer
300 ml Pflanzenmilch (mindestens 2 % Fettgehalt)
1 EL Kurkumapulver
¼ TL schwarzer Pfeffer, gemahlen
¼ TL Zimt
½ TL Kokosöl
1 Prise Muskatnuss

Agavensirup nach Belieben

Ingwer schälen und zerkleinern, anschließend alle Zutaten mischen und zu einer cremigen Konsistenz mixen. In einen Topf geben und kurz aufkochen lassen, anschließend in Gläser füllen, mit Agavensirup süßen und genießen.

Die sogenannte „Goldene Milch“ am besten täglich genießen – den Zutaten wird eine positive Wirkung auf das Immunsystem nachgesagt!

Für einen gesunden Start in den Tag oder für einen gemütlichen, relaxten Tagesausklang – diese wärmende und würzig duftende Kurkuma-Latte passt immer!

Milchreis mit Früchten

2 Personen

ca. 400 ml Pflanzenmilch
1 Prise Salz
Agavensirup nach Belieben
140 g Rundkornreis (Vollkorn)
1 EL vegane Butter

Fruchtmus (warm oder kalt)

Früchte und Beeren
nach Belieben und Saison
Agavensirup nach Belieben

Zimt oder Kakao
geröstete Nüsse

Für den Milchreis Milch, Agavensirup und eine Prise Salz in einem Topf zum Kochen bringen. Den Reis einrühren und kurz köcheln, anschließend ca. 20 bis 30 Minuten quellen lassen. Wenn der Reis zu trocken ist, kann noch Milch eingerührt werden. Am Schluss sollte der Reis eine cremige Konsistenz haben.

Für das Fruchtmus Früchte und Beeren nach Belieben leicht pürieren und bei Bedarf mit Agavensirup süßen.

Nun noch die Nüsse in der Pfanne rösten, den Milchreis anrichten, mit Kakao oder Zimt bestreuen, das Fruchtmus über den Reis gießen, mit den gerösteten Nüssen bestreuen und servieren.

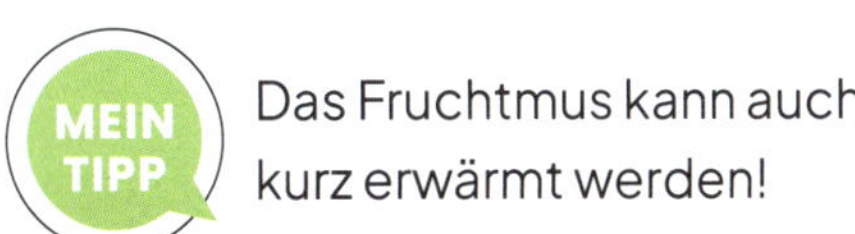

Das Fruchtmus kann auch kurz erwärmt werden!

Lust auf ein sättigendes, warmes Vollkornreis-Frühstück?

Pancakes
mit Preiselbeercreme oder selbstgemachtem Apfelmus

3–4 Personen

- 200 g Dinkelmehl (idealerweise Dinkelvollkornmehl)
- 2 EL Sojamehl
- 1 EL Zucker (Rohrzucker)
- 1 Prise Salz
- ca. 200 ml Pflanzenmilch (nicht unter 2 % Fettgehalt)
- 1 TL Backpulver

Preiselbeercreme (Var. 1)

- 200 ml Hafer- oder Mandeljoghurt
- ½ TL Vanillepulver
- 4 EL Preiselbeermarmelade
- etwas Minze und Preiselbeermarmelade zum Dekorieren

Apfelmus (Var. 2)

- 500 g Äpfel
- etwas Wasser
- 1 EL Zucker
- 1 Zimtstange
- 3 Nelken

Staubzucker, Zimt und Agavensirup zum Ausfertigen

Für die Pancakes alle trockenen Zutaten mischen und die Pflanzenmilch unterrühren, bis eine glatte, homogene Masse entstanden ist. Öl in einer Pfanne erhitzen und nach und nach die Pancakes ausbacken, anschließend warm stellen.

Variante Preiselbeercreme: Alle Zutaten verrühren und über die fertigen Pancakes gießen, mit 2 EL Preiselbeermarmelade und etwas Minze dekorieren.

Variante Apfelmus: Die Äpfel waschen und das Gehäuse entfernen (nicht schälen). Anschließend in kleine Stücke schneiden, mit der Zimtstange, den Nelken und dem Zucker weich köcheln lassen. Anschließend die Gewürze entfernen und pürieren. Die warmen Pancakes mit dem Apfelmus anrichten, mit Staubzucker und Zimt bestreuen und falls gewünscht mit Agavensirup beträufeln.

Dinkel-Vollkornmehl versorgt mit seinen langkettigen Kohlenhydraten den Körper längerfristig mit Energie!

Orangen-Ingwer-Tee
mit Pfefferkörnern

1 Kanne

- 2 cm frischer Bio-Ingwer
- 1 Bio-Orange
- 1 kleiner Bio-Apfel
- 1 TL Pfefferkörner
- 1 l Wasser
- 2 frische Minzestängel

Ingwer schälen oder gut waschen und in dünne Scheiben schneiden, Bio-Orange schälen und in Scheiben schneiden, Bio-Apfel in Spalten schneiden. Nun alles in eine Kanne geben und mit kochendem Wasser übergießen, Pfefferkörner dazugeben und 10 Minuten ziehen lassen. Mit den Früchten in Gläser füllen und genießen!

Sehr heiß servieren und genießen, schmeckt sehr fruchtig mit einer leichten Ingwerschärfe!

Ingwer: scharf, gesund und empfehlenswert bei Erkältungskrankheiten!

Chiapudding mit Mango

2 Personen

- 3 EL Chiasamen
- 8 EL Haferjoghurt
- 1 EL Agavensirup
- ½ Mango
- Blaubeeren
- Früchte der Saison (zum Garnieren)

Chia, Haferjoghurt und Agavensirup verrühren und quellen lassen, Mango würfeln, in Gläser schichten und mit dem Obst garnieren.

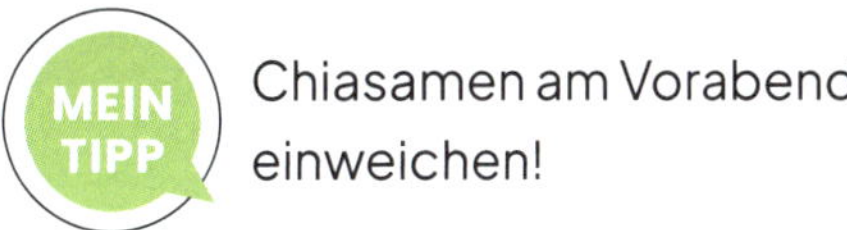

Chiasamen am Vorabend einweichen!

Eine erfrischende und gesunde Option für ein leichtes, gesundes Frühstück!

Brote &
Aufstriche

Schnelles Dinkel-Kastenbrot

2 Kastenformen

750 ml warmes Wasser
1½ Beutel Trockenhefe
500 g Dinkelvollkornmehl
125 g Roggenvollkornmehl
125 g Weizenmehl (auch gerne Vollkorn)
19 g Salz
2 EL Brotgewürz
1 EL Kümmel, ganz
geschroteter Leinsamen, Kürbiskerne, Nüsse nach Belieben

Das Wasser mit der Trockenhefe verrühren und ca. 10 min zugedeckt ruhen lassen. Mehle, Salz, Gewürze sowie alle weiteren Zutaten mischen und unter die Hefe-Wasser-Mischung rühren, kurz mit dem Kochlöffel abschlagen (Masse ist etwas flüssiger).

Zugedeckt rasten lassen, bis sich der Teig verdoppelt hat. 2 Kastenformen fetten und die Masse einfüllen – nochmals zugedeckt ca. 20 min gehen lassen.

Nun in den vorgeheizten Backofen schieben (mittlere Stufe) und eine Tasse Wasser in den Ofen stellen. Backzeit 45 min bei 220 °C Ober-/Unterhitze – kontrollieren!

Für das Brotgewürz jeweils 50 g Kümmel, Fenchel und Anis mit einer Küchenmaschine fein mahlen.

Selbstgebackenes Brot zum Frühstück oder zur Jause ist immer ein Genuss!

Dinkel-Vollkornbrot

1 Brotlaib

350 g lauwarmes Wasser
10 g Hefe, frisch
250 g Dinkelvollkornmehl
250 g Dinkelmehl Typ 630
12 g Salz
1 EL Brotgewürz
1 EL Kümmel

Das Wasser in eine Schüssel geben, die frische Hefe einrühren und das mit den Gewürzen und dem Salz vermischte Mehl unterrühren.

Alles vermengen, bis ein glatter Teig entsteht. Diesen an einem warmen Ort ca. 2 Stunden gehen lassen, dann falten und nochmals eine Stunde rasten lassen. Anschließend den Teig auf ein bemehltes Brett geben, erneut falten und einen Laib formen.

Den Teig mit der glatten Fläche nach oben in ein gut bemehltes Gärkörbchen legen, mit etwas Mehl bestreuen und nochmals für eine Stunde zugedeckt gehen lassen.
Den Backofen auf 220 °C Heißluft vorheizen, wenn möglich einen Backstein verwenden. Anschließend den Teig aus dem Gärkörbchen auf das Blech oder den Backstein fallen lassen (die gerippte Seite ist oben) und ca. 45 min backen (eine Tasse Wasser in den Backofen stellen).

Brot auf dem Backstein backen, dann wird es besonders knusprig!

Saftige Karottenbrötchen

ca. 12 bis 14 Brötchen

- 160 g Haferflocken
- ca. 200 ml lauwarme Pflanzenmilch
- 200 g Dinkelmehl Typ 630
- 200 g Dinkelvollkornmehl
- 12 g Salz
- 1 TL Essig
- 200 g warme Topfenalternative
- 120 g geraspelte Karotten
- 4 EL gehackte Nüsse nach Geschmack
- 2 Beutel Trockenhefe

Die Haferflocken mit der lauwarmen Pflanzenmilch übergießen und 15 Minuten ziehen lassen. Die Mehle mit dem Salz vermischen und mit den restlichen Zutaten und der Haferflockenmischung zu einem weichen Teig verkneten. Zugedeckt 45 Minuten gehen lassen.

Das Backrohr auf 210 °C Ober-/Unterhitze vorheizen. Den Teig auf eine bemehlte Fläche geben und in ca. 14 gleich große Portionen aufteilen. Die Teiglinge auf ein mit Backpapier ausgelegtes Backblech geben, einschneiden und mit Wasser besprühen. Auf der mittleren Schiene ca. 25 Minuten backen, anschließend auf einem Kuchengitter auskühlen lassen.

Wunderbar schnell und einfach zubereitet, eignen sich diese Brötchen für jeden Tag!

Knäckebrot

2 Bleche

- 120 g Dinkelvollkornmehl
- 100 g Sonnenblumenkerne
- 120 g Haferflocken
- 150 g Sesam
- 50 g Leinsamen
- ½ TL Salz
- 1 TL Rohrzucker
- 2 EL Olivenöl
- 500 g Wasser

Alle Zutaten verrühren und 10 Minuten quellen lassen, den Backofen auf 170 °C Heißluft vorheizen. Zwei Backbleche mit Backpapier auslegen, die Masse gleichmäßig auf beide Bleche streichen und ca. 60 Minuten backen.

Nach 15 Minuten Backzeit die Knäckebrote in Quadrate schneiden und wieder in den Ofen schieben.

Dieses Rezept lässt viel Raum für Variationen. Du kannst zum Beispiel verschiedene Samen, Gewürze oder getrocknete Kräuter hinzufügen!

Eifrei-Aufstrich

200 g Kichererbsen, gekocht
200 g Sojajoghurt (ohne Zucker!)
150 g vegane Mayonnaise
1½ EL Senf
2 TL Kurkuma
2 TL Kala Namak
Salz und Pfeffer
200 g Nudeln, gekocht
Cornichons oder kleine Gurken und Schnittlauch nach Belieben

Alle Zutaten außer den Nudeln, den Gewürzen, dem Schnittlauch und den Cornichons zu einer cremigen Masse mixen. Anschließend die Gewürze, die zerkleinerten Nudeln, die klein geschnittenen Cornichons und den Schnittlauch dazugeben, alles gut mischen.

Nun rasten lassen und wenn die Masse zu trocken ist, noch etwas Sojajoghurt dazugeben. In Gläser füllen und im Kühlschrank aufbewahren.

Der Aufstrich lässt sich sehr gut im Glas einfrieren und hält dann mehrere Wochen!

Relativ schnell gemacht und einfach gut …

Würzig und lecker, für alle Brotsorten geeignet

Karotten-Aufstrich mit Orangen

1 kl. Zwiebel
etwas Olivenöl
500 g Karotten
1 kl. Stück Ingwer
250 g Orangen

Salz und Pfeffer
1 TL Agavendicksaft

Die klein geschnittene Zwiebel in Olivenöl anrösten, die würfelig geschnittenen Karotten, Ingwer und Orangen zugeben und kurz dünsten. Mit Salz, Pfeffer und Agavensirup abschmecken und im Mixer zu einer homogenen Masse mixen. In Gläser füllen und im Kühlschrank aufbewahren oder gleich genießen.

Erbsen-Aufstrich

- 1 kl. Zwiebel
- etwas Olivenöl
- 500 g Erbsen
- 100 g weiße Bohnen, gekocht
- 2 Knoblauchzehen
- Salz und Pfeffer
- etwas Wasser (bei Bedarf)

Die fein geschnittene Zwiebel in Olivenöl anrösten. Die Erbsen, die weißen Bohnen und den Knoblauch zugeben und mitdünsten. Mit Salz und Pfeffer abschmecken und im Mixer pürieren. In Gläser füllen und im Kühlschrank oder im Tiefkühler aufbewahren.

Proteinreich und in Windeseile zubereitet

Ein Grundrezept, das vielseitig verwendbar ist

Hummus Natur

- 300 g Kichererbsen, gekocht
- 100 g Tahin (Sesampaste)
- 3 Knoblauchzehen
- Olivenöl
- Kreuzkümmel
- Saft einer Zitrone
- Salz und Pfeffer
- etwas Wasser (bei Bedarf)

Kichererbsen über Nacht einweichen, anschließend mit frischem Wasser ca. 40 min kochen, danach abseihen. Alle Zutaten in einem Hochleistungsmixer zu einer homogenen Masse pürieren. Abschmecken und in Gläser füllen.

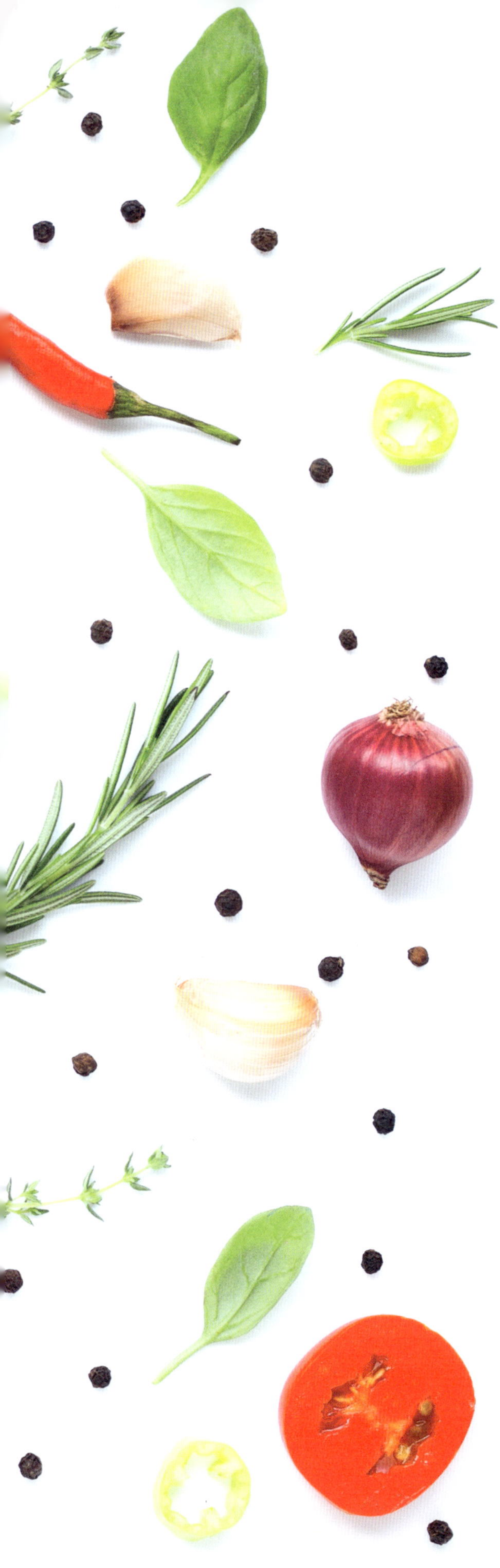

Tomaten-Karotten-Aufstrich

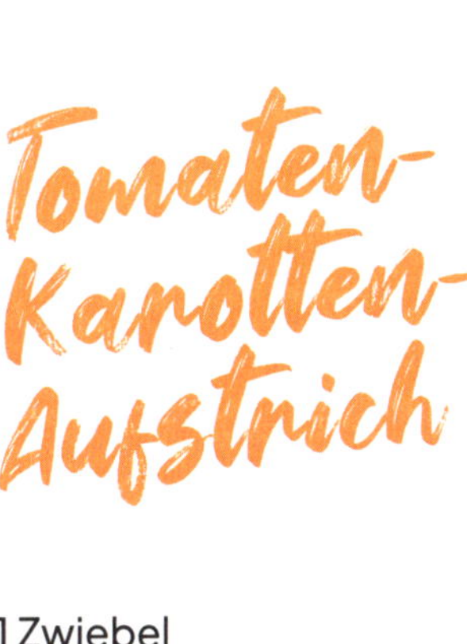

1 Zwiebel
1 EL Öl
250 g Karotten
60 g Tomatenmark
60 g Tomatenpulpa
100 g Pflanzenmargarine

Thymian
Oregano
Salz und Pfeffer
Agavensirup (bei Bedarf)

Die fein geschnittene Zwiebel kurz in etwas Öl anrösten, die ebenfalls klein geschnittenen Karotten dazugeben und mit dem Tomatenmark und Tomatenpulpa ca. 4 Minuten dünsten. Die Pflanzenmargarine einrühren und mit den Gewürzen abschmecken. Die Masse mit dem Stabmixer pürieren, in Gläser füllen und im Kühlschrank oder Tiefkühlschrank aufbewahren.

Ein farbenfroher Aufstrich für jeden Tag

Vegane spanische Sobrasada

- 100 g Cashewkerne
- 200 g getrocknete Tomaten
- 4 EL Olivenöl
- 2 Knoblauchzehen
- 1 EL Paprika, edelsüß
- 1 EL Paprika, geräuchert
- 1½ TL Basilikum, getrocknet
- ½ TL Kreuzkümmel
- Salz und Pfeffer

Cashewkerne und Tomaten ca. 4 Stunden einweichen, anschließend abseihen und 6 EL Tomatenwasser beiseitestellen. Die Cashewkerne, die Tomaten, das Olivenöl, das Tomatenwasser, die Knoblauchzehen und die Gewürze im Hochleistungsmixer zu einer feinen Konsistenz pürieren. Abschmecken, in Gläser füllen und im Kühlschrank aufbewahren.

Würzige, interessante Alternative zum Original!

Einzigartigen Geschmack mit südlichem Flair

Oliven-Aufstrich

- 300 g eingelegte Oliven (oder Oliven mit Mandeln aus dem Glas)
- 1 kleine Zwiebel
- 2 Knoblauchzehen
- 2 TL Zitronensaft
- 2 EL veganer Sauerrahm
- 2 EL Olivenöl
- 4 EL Mandeln, gehackt
- Petersilie

Oliven, Zwiebel, Knoblauch, Zitronensaft, Sauerrahm und Olivenöl im Mixer pürieren. Wer möchte, kann die Zwiebel und den Knoblauch kurz anrösten. Mandeln und Petersilie unterrühren, in Gläser füllen und im Kühlschrank aufbewahren.

Paprika-Tomaten-Frischkäse

1 Spitzpaprika, rot
200 g Cashewkerne (über Nacht oder mindestens 4 Stunden einweichen)
1 TL Zitronensaft
1 TL Paprikapulver, edelsüß
½ TL Paprikapulver, scharf
1 TL Tomatenmark
1 EL Olivenöl
1 Knoblauchzehe
2 EL Hefeflocken
Salz und Pfeffer

Den Spitzpaprika klein schneiden, die Cashewkerne abseihen, anschließend mit allen Zutaten im Mixer zu einer cremigen Konsistenz pürieren. Abschmecken, in Gläser füllen und im Kühlschrank aufbewahren.

Alle Aufstriche können sehr gut auf Vorrat zubereitet und im Tiefkühlschrank aufbewahrt werden.

Ein sommerliches Rezept, das fast jedem schmeckt

Cashew-Frischkäse

250 g Cashewkerne
1 EL Zitronensaft
1½ EL Hefeflocken
2 EL Olivenöl
Mandeldrink
Salz und Pfeffer
Kräuter

Cashewkerne über Nacht einweichen. Dann das Wasser abseihen und die Cashewkerne mit Zitronensaft, den Hefeflocken und dem Öl im Hochleistungsmixer pürieren. Mandeldrink für die gewünschte Konsistenz dazugeben. Mit Salz und Pfeffer abschmecken, Kräuter nach Belieben dazugeben, in Gläser füllen und wie alle Aufstriche im Kühlschrank oder Tiefkühler aufbewahren.

Diese cremige vegane Alternative passt wunderbar zu Toast oder Bagel.

Salate, Suppen & kleine Vorspeisen

Bunter Gartensalat mit Beeren

2 Personen

150 g Karotten
2 Handvoll Karfiolröschen, gekocht
2 Handvoll Rucola oder Endivien (je nach Verfügbarkeit)
100 g Rotkraut
1–2 Stangen Frühlingszwiebel
einige Blätter Babyspinat
8 Cocktailtomaten
50 g Himbeeren
50 g Blaubeeren

Dressing

2 EL Olivenöl
4 EL Apfelessig
2 EL Blaubeeren
2 EL Himbeeren
1 TL Agavensirup
Salz und Pfeffer

Die Karotten in dünne Streifen schneiden, die kleinen, gekochten Karfiol Röschen, den Rucola (alternativ: grüner Salat, Endivien) und die übrigen Zutaten in einer Schüssel vermengen und auf kleine Teller verteilen. Für das Dressing alle Zutaten im Mixer zu einer feinen Creme mixen und mit Gewürzen abschmecken. Den Salat mit Dressing beträufeln und mit einigen Beeren garnieren.

Anrichten und sofort servieren, damit die Zutaten knackig bleiben!

Das süße Beeren-Dressing verleiht diesem Salat seine besondere Note.

Mix Salad to go

2 Personen

- 1 Spitzpaprika, rot
- 1 Handvoll Karfiolröschen
- 1 Handvoll Brokkoliröschen
- 3 EL Erbsen
- 8 Cocktailtomaten
- 2 Karotten
- 1 Handvoll Pflücksalat oder Lollo Bianco
- 1 Orange
- 1 Apfel

Dressing

- 2 EL Olivenöl
- 4 EL Apfelessig
- ½ Zwiebel
- 2 Knoblauchzehen
- Salz und Pfeffer
- fein geschnittene Petersilie und Thymian

Zuerst den Spitzpaprika fein schneiden. Dann die kurz gekochten Karfiol- und Brokkoliröschen, die blanchierten Erbsen, die halbierten Cocktailtomaten, die in feine Streifen geschnittenen Karotten und den Pflücksalat oder Lollo Bianco in einer Schüssel vermengen.

Von den Orangen und Äpfeln ein paar Scheiben abschneiden und den Rest würfeln. Die Würfel zum Salat hinzufügen und alles vermischen.

Für das Dressing alle Zutaten, außer Petersilie und Thymian, mit einem Stabmixer mixen, abschmecken, zum Schluss die Petersilie und den Thymian einstreuen. Den Salat mit Dressing beträufeln und mit den Orangen- sowie Apfelscheiben dekorieren.

Dieser Salat eignet sich perfekt zum Mitnehmen. Das Dressing dafür separat in einen kleinen Behälter geben.

Frisch und knackig, ideal zum Mitnehmen!

Salatbowl mit Avocado und Chicorée

2 Personen

200 g Karotten
1 kleine Zwiebel
1 Apfel
200 g Rotkraut
2 Handvoll Rucola
2 Handvoll Feldsalat
1 große Zwiebel
1 reife Avocado
Saft einer Zitrone
1 Chicorée
1 Tomate

Salz, Pfeffer, Kräuter etc.
(bei Bedarf zum Abschmecken)

Dressing

150 ml Bio-Apfelessig
3 EL Olivenöl
Salz und Pfeffer
2 TL Agavensirup
2 TL Senf
1 EL Walnüsse
(zum Garnieren)

Karotten putzen, eine halbe/kleine Zwiebel und einen halben Apfel in der Küchenmaschine reiben – in eine Schüssel geben und zur Seite stellen.

Rotkraut fein schneiden und waschen, die zweite Zwiebelhälfte und die zweite Apfelhälfte ebenfalls in der Küchenmaschine reiben und zur Seite stellen.

Feldsalat und Rucola waschen. Avocado halbieren, in dickere Scheiben schneiden und mit dem Zitronensaft beträufeln. Chicorée waschen und die Blätter ebenfalls mit Zitronensaft beträufeln.

Die große Zwiebel in dünne Streifen und die Tomate in Spalten schneiden. Zum Schluss alle Zutaten für das Dressing in einem Becher verquirlen und dann über den Salat gießen.

Du kannst die geriebenen Karotten und das geschnittene Rotkraut auch schon vorher mit einem Teil des Dressings mischen und durchziehen lassen.

Die leichte Zwischenmahlzeit mit bunten Salaten, kreativ kombiniert!

Avocado-Salat
mit Tomaten, Basilikum und Olivenöl

2 Personen

2 reife Avocados
½ Zwiebel
2 Knoblauchzehen

Dressing

Basilikumessig
Olivenöl
Salz und Pfeffer

Außerdem

einige Tomatenscheiben
Petersilie

Die reifen Avocados teilen, in größere Scheiben schneiden und mit der fein geschnittenen Zwiebel und den fein gehackten Knoblauchzehen bestreuen.

Für das Dressing Basilikumessig, Olivenöl, Salz und Pfeffer verquirlen. Die Avocados mit dem Dressing übergießen und ziehen lassen. Alles auf Tellern anrichten und mit Tomatenscheiben sowie Petersilie garnieren.

Avocados werden mittlerweile auch in Europa und in Bio-Qualität angebaut. Beim Kauf unbedingt darauf achten

Avocado gilt als Superfood und punktet mit vielen Vitaminen, Folat, Kalium sowie gesunden ungesättigten Fettsäuren.

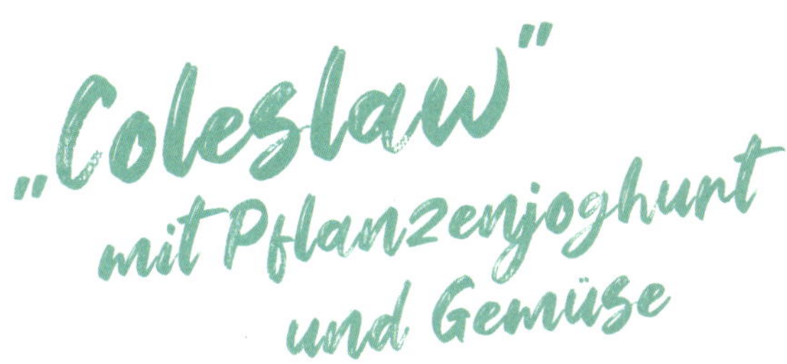

2–3 Personen

1 kleiner Kohlkopf
1 Karotte
1 Apfel
1 Zwiebel
1 kleine grüne Chili
150 g Sojajoghurt
1 EL vegane Mayonnaise
½ TL Kurkuma
Apfelessig
Olivenöl
Pekannüsse
Salz und Pfeffer

Kohl fein schneiden und mit Salz weichdrücken. Karotte, Apfel, Zwiebel und Chili klein schneiden. Anschließend alle Zutaten mischen, abschmecken und ziehen lassen. Garnieren nach Geschmack und Belieben.

Der Salat kann schon am Vortag zubereitet werden. Man lässt ihn dann am besten über Nacht im Kühlschrank durchziehen. Schmeckt herrlich erfrischend!

Amerikanischer Krautsalat mit Mayo – deftig, aber gesund!

2 Personen

- 3 Stangen Frühlingszwiebel
- 100 g Rotkraut
- 1 mittlere Zwiebel
- 1 Knoblauchzehe
- 1 Karotte
- ½ Spitzpaprika, rot
- ½ Spitzpaprika, gelb
- 50 g Rucola
- 200 g Linsen, abgetropft
- 50 g Erbsen, gekocht
- Petersilie

Dressing

- Balsamicoessig, weiß, Olivenöl, Salz und Pfeffer (nach Belieben)
- 2 TL Senf
- 2 TL Agavensirup

Das Gemüse waschen und klein schneiden. Karotte und Paprika eventuell in Streifen schneiden (für die Optik). Die Linsen leicht erwärmen.

Das geschnittene Gemüse und die Linsen auf Tellern anrichten, mit Erbsen und Petersilie garnieren. Für das Dressing alle Zutaten miteinander verquirlen und über den Salat träufeln.

Zarte Linsen mit der Frische von Rucola und Rotkraut, abgerundet durch eine würzige Vinaigrette!

Quinoa-Salat mit Zwiebeln, Gemüse und Kapern

2 Personen

- 200 g Quinoa
- 1 Stange Frühlingzwiebel
- 1 kleine Zwiebel
- 1 Karotten, in Streifen geschnitten
- 2 kleine Tomaten
- ½ Spitzpaprika, gelb
- ½ Spitzpaprika, rot

- 1 TL frische Salatkräuter nach Wahl
- Salz und Pfeffer
- 50 g Kapern, groß

Dressing

- Balsamicoessig, weiß, Olivenöl, Salz und Pfeffer (nach Belieben)
- 2 TL Senf
- 2 TL Agavensirup

Die Quinoa laut Packungsanleitung kochen und das Gemüse klein schneiden. Quinoa und Gemüse in einer Schüssel mischen und mit Salz und Pfeffer abschmecken. Auf Tellern anrichten und frische Kräuter darüberstreuen. Dressing über den Salat träufeln, mit Kapern und eventuell mit Karottenstreifen garnieren.

Buntes Gemüse mit dem Getreide der Inkas!

Salat-Bowl mit knusprigen Kartoffelchips, Hirse und Zwetschken

2 Personen

2 mittelgroße Kartoffeln
Paprika, Salz, Rosmarin und etwas Öl zum Marinieren der Kartoffeln

1 kleine Zwiebel
1 Karotte
1 kleine Kartoffel, gekocht
200 g gekochte grüne Bohnen (Tiefkühlware)
2 Stangen Frühlingszwiebel
4 kleine Tomaten
4 Zwetschken
1 kleine Salatgurke
80 g Hirse, gekocht
Petersilie

Dressing

Apfelessig
1 TL Senf
1 TL Tahini
1 TL Agavensirup
optional 1 TL Olivenöl

Die Kartoffeln schälen, in Scheiben schneiden, mit den Gewürzen und dem Öl vermischen und kurz ziehen lassen. Anschließend auf einem mit Backpapier ausgelegten Blech verteilen, in den auf 200 °C Heißluft vorgeheizten Backofen schieben und so lange backen, bis die Chips knusprig sind (ca. 30 Minuten – kontrollieren!).

Die Zwiebel fein schneiden, mit der gewürfelten Karotte, der gekochten Kartoffel, den gekochten grünen Bohnen, den geschnittenen Frühlingszwiebeln vermischen. Dann mit dem Dressing (alle Zutaten mixen) übergießen und kurz ziehen lassen.

Tomaten, Zwetschken und Salatgurke schneiden, mit dem Bohnensalat, der gekochten Hirse und den Kartoffelchips auf Tellern oder kleinen Schüsseln anrichten. Mit Petersilie bestreuen und servieren.

Genieße die gesunde und farbenfrohe Geschmacksexplosion dieser bunten Salatkreation. Hirse ist glutenfrei, vitalstoffreich und bekömmlich!

Brokkolisalat
mit Endivien und Tomaten

2 Personen

- 1 großer Brokkoli
- 3–4 Blätter Endivien
- 6 Minitomaten
- ½ Handvoll Blaubeeren
- Salz und Pfeffer
- 1 EL frische Petersilie
- ½ EL Oregano (optional)
- einige Granatapfelkerne für die Deko (optional)

Dressing

- 100 ml Apfelessig
- 1 TL Tahini
- 1 TL Senf
- 1 TL Agavensirup
- 1 TL Olivenöl

Guacamole

- 1 Avocado
- 1 Knoblauchzehe
- Salz und Pfeffer
- 1 TL Zitronensaft

Den Brokkoli in Röschen teilen und im Gemüsedampfkorb ca. 10 Minuten garen lassen. Die Endivienblätter fünf Minuten in warmes Wasser legen, dann kalt abschrecken und klein schneiden – anschließend Brokkoli und Endivienblätter miteinander vermengen. Die Tomaten schneiden und dazugeben.

Alle Zutaten für das Dressing mit dem Stabmixer vermischen. Das Dressing über den Salat gießen und kurz ziehen lassen.

Für die Guacamole die Avocado schälen und entkernen, mit einer Gabel bis zur gewünschten Konsistenz zerdrücken und mit dem fein geschnittenen Knoblauch, dem Zitronensaft, Salz und Pfeffer verrühren.

Den Salat nun mit Salz, Pfeffer, Kräutern und den Blaubeeren sowie der Guacamole anrichten und servieren.

Der Zitronensaft verhindert, dass die Guacamole schnell braun wird!

Diesen erfrischende Brokkolisalat ist eine leichte und köstliche Fusion von knackigem Gemüse, cremigem Dressing und herzhaften Extras!

Kidneybohnensalat
mit warmer Gerste

2 Personen

- 200 g Rollgerste
- 200 g Kidneybohnen
- 1 Zwiebel
- 2 Karotten
- 100 g Babyspinat
- 5 kleine Tomaten

Dressing

- 100 ml Balsamico, weiß
- ½ TL Misopaste
- 1 TL Agavensirup
- 1 TL Senf
- 1 EL Olivenöl

Die Gerste über Nacht einweichen und am nächsten Tag laut Packungsanleitung kochen. Die Kidneybohnen ebenfalls kochen und vorsichtig mit der geschnittenen Zwiebel, den Tomaten, den Karotten und dem Babyspinat vermischen. Die Gerste (falls notwendig) wieder leicht erwärmen und untermischen. Das Dressing über den Salat gießen und kurz vermengen. Servieren und genießen!

Ich kaufe immer Trockenbohnen und koche auf Vorrat – die gekochten Bohnen eignen sich sehr gut zum Einfrieren! Auch die Gerste kann gekocht sehr gut im Tiefkühlschrank aufbewahrt werden.

Genieße die Vielfalt der Aromen in jedem Bissen dieses köstlichen Salats!

Peterwurzen-Suppe mit Karotten

2–3 Personen

- 1 Zwiebel
- 2 EL Olivenöl
- 4 mittelgroße Peterwurzen
- 3 mittelgroße Karotten
- 1 Knoblauchzehe, gehackt
- Sojasahne (optional)
- ca. 1–1,5 l Gemüsebrühe
- Salz und Pfeffer
- Thymian und Petersilie
- schwarzer Sesam

Die Zwiebel in Olivenöl anrösten, die klein geschnittenen Peterwurzen und Karotten dazugeben und für einige Minuten mitdünsten, anschließend den Knoblauch hinzufügen. Mit Gemüsebrühe aufgießen, 5 min köcheln lassen.

Nun mit dem Stabmixer pürieren, mit Salz, Pfeffer und Thymian abschmecken und mit Petersilie sowie Sesam garnieren.

Suppen und alle Gemüsegerichte nicht zu lange kochen, damit die wertvollen Inhaltsstoffe erhalten bleiben und nicht „weggekocht“ werden!

Die gesunde Wurzel enthält neben viel Vitamin C, Magnesium und Eisen wichtige Mineralstoffe, die das Immunsystem stärken!

Selleriesuppe
mit Lauchstreifen und Vollkornbrotwürfeln

2–3 Personen

1 mittelgroße Zwiebel
2 Knoblauchzehen
2 EL Olivenöl
1 mittelgroße Sellerieknolle, gewürfelt
1 mittelgroße Kartoffel, gewürfelt
ca. 1½ l Gemüsebrühe
Salz und Pfeffer
1 Lauchstange

Die Zwiebel in Würfel schneiden, den Knoblauch fein hacken und kurz in Olivenöl (nicht zu heiß, sonst wird der Knoblauch bitter) anrösten.

Selleriewürfel und Kartoffelwürfel dazugeben und andünsten, mit Gemüsebrühe aufgießen (je nach gewünschter Konsistenz) und leicht köcheln lassen.

Mit Salz und Pfeffer abschmecken und mit Lauchringen garnieren. Heiß servieren!

Kalorienarm, gesund und doch vollmundig-harmonisch!

Eine Hommage an die einfache Eleganz der französischen Küche.

Zwiebelsuppe
mit gerösteten Brotscheiben und veganem Käse

2–3 Personen

6 mittelgroße Zwiebeln
4 Knoblauchzehen
2 EL Rapsöl
1½ l Gemüsebrühe
2 EL Portwein
Salz und Pfeffer
Petersilie
kleine Scheiben Vollkornbrot
veganer (Reibe-)Käse

Die Zwiebeln in Ringe schneiden und im heißen Öl anbraten, bis sie leicht bräunen. Den Knoblauch dazugeben und kurz mitrösten, mit Gemüsebrühe aufgießen und ca. 15 Minuten köcheln lassen. Portwein dazugeben und mit Salz und Pfeffer würzen.

Die Brotscheiben mit Käse bestreuen und im Backofen bei 190 °C ca. 8 bis 10 Minuten überbacken. Die Suppe mit dem Käsebrot anrichten und mit Petersilie bestreuen.

Feine Kürbis-Orangen-Suppe

3 Personen

- 500 g Hokkaido-Kürbis
- 2 große Orangen
- 1 Zwiebel
- 4 EL Olivenöl
- 1½ l Gemüsebrühe
- Kürbiskerne
- 100 ml Sojasahne (optional)
- Salz und Pfeffer
- Kürbiskernöl

Den Kürbis waschen, entkernen und in Würfel schneiden. Die Orangen schälen und ebenfalls in Würfel schneiden. Zwiebel schneiden und im Öl anrösten, Kürbis und Orangen dazugeben und weiterrösten.

Mit Gemüsebrühe aufgießen und kochen lassen, bis der Kürbis bissfest ist. In der Zwischenzeit die Kürbiskerne kurz anrösten und beiseitestellen.

Nun falls gewünscht Sojasahne zur Suppe geben, alles mit dem Stabmixer pürieren und würzen. Mit Kürbiskernen bestreuen und mit Kürbiskernöl beträufeln.

Die Kürbissuppe mit gerösteten Kürbiskernen und Kürbiskernöl garnieren und mit Blütengewürz dekorieren!

Eine herbstliche Köstlichkeit verfeinert mit Orangen – perfekt als Vorspeise oder als Herzstück eines herbstlichen Menüs!

Chilischarfe Thaisuppe mit Reisnudeln

2–3 Personen

Gemüsebrühe

2 Karotten
½ Sellerieknolle
1 Zwiebel mit Schale
1 Stange Selleriegrün
½ Stange Lauch
2 EL Wacholderbeeren
1 EL Pfefferkörner
1 Handvoll frische Petersilie

Suppe

1 Paprika, rot
2 Karotten, klein
200 g Karfiol
½ Stange Lauch
2 Tomaten, klein
100 g Weißkraut
1 Zucchini, klein
8 Champignons
Reisnudeln nach Belieben
Salz, Pfeffer
1 frische Chilischote, gehackt
1 Handvoll frische Minzblätter, gehackt
1 Handvoll frische Basilikumblätter, gehackt
½ Zitrone (Saft)
6 EL Sojasauce
Petersilie (zum Garnieren)

Zuerst die Gemüsebrühe zubereiten. Dafür alle Zutaten in einen Topf geben und mit 2 Litern Wasser ca. 1 bis 2 Stunden köcheln lassen. Zwischendurch immer Wasser nachgießen (ca. ½ Tasse), dann bleibt die Suppe klar.

Für die Thaisuppe nun alle Gemüsesorten klein schneiden und im Gemüsesieb dämpfen, gleichzeitig die Reisnudeln kochen.

Die Gemüsebrühe, die Reisnudeln und das Gemüse in Teller oder Suppentöpfchen füllen. Mit Salz, Chili und Pfeffer abschmecken. Minzblätter, Basilikumblätter, Zitronensaft und Sojasauce dazugeben und mit Petersilie bestreuen.

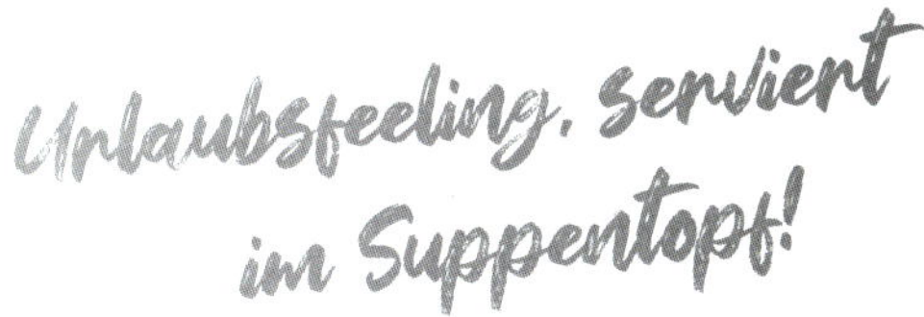

Gerstensuppe
mit Kidneybohnen und weißen Riesenbohnen

2–3 Personen

- 1 kleine Zwiebel
- 2 EL Öl
- 250 g Gerstengraupen (am Vorabend einweichen)
- 1 Karotte
- 1 rote Spitzpaprika
- 200 g Kidneybohnen, gekocht
- 200 g weiße Riesenbohnen, gekocht
- Salz und Pfeffer
- etwas Schnittlauch

Die Zwiebel fein schneiden und im Öl anschwitzen. Die Gerste abseihen, mit kaltem Wasser waschen und in den Topf zur Zwiebel geben. Nun umrühren, mit 1 bis 1,5 l Wasser aufgießen und ca. 30 min weich kochen (kontrollieren!).

Die gewürfelten Karotten, die in Ringe geschnittene Spitzpaprika und die Bohnen dazugeben. Alles 5 Minuten köcheln lassen, mit Salz und Pfeffer abschmecken und mit Schnittlauch bestreuen.

Du kannst vor dem Servieren einen Schuss Apfelessig dazugeben – das gibt ein feines Aroma!

Der Gerste wird eine cholesterinsenkende Wirkung nachgesagt – ein wohltuender Genuss!

Gemüsebrühe mit Frühlingszwiebel-Frittaten

ca. 2 Liter Suppe

Gemüsebrühe

1 Zwiebel
2 Karotten
½ Sellerieknolle
½ Stange Lauch
1 Stange Selleriegrün
1 Wurzelpetersilie
1 Handvoll Petersilienblätter
1 EL Pfefferkörner
2 EL Wacholderbeeren
2 l Wasser
Salz

Frittaten

300 g Dinkelmehl/Dinkelvollkornmehl (200/100)
1 EL Sojamehl
600–700 ml Pflanzenmilch
½ TL Backpulver
Salz und Pfeffer
3–4 Stangen Frühlingszwiebel
Öl

ein paar Frühlingszwiebeln zum Garnieren

Für die Gemüsebrühe zuerst das Gemüse putzen und waschen, in größere Stücke schneiden und mit dem Wasser in einen hohen Topf geben. Mit den Gewürzen ca. 60 min köcheln lassen, bei Bedarf Wasser nachgießen, zum Schluss salzen.

Für die Frühlingszwiebel-Frittaten Mehl, Sojamehl, Backpulver und Gewürze mischen, in eine Schüssel geben und mit der Pflanzenmilch verrühren. Die Frühlingszwiebeln grob schneiden und unter die Masse heben.

Nun Öl erhitzen und mit einem Schöpfer die Masse in die Pfanne gießen, anschließend auf beiden Seiten goldbraun backen. Abkühlen lassen, zusammenrollen und in Streifen schneiden.

Die Brühe mit den Frittaten anrichten, mit Petersilie und mit fein geschnittenen Frühlingszwiebeln garnieren.

Frittaten mal anders, für herzliche Einfachheit auf dem Teller!

Kartoffelsuppe
mit gerösteten Brotwürfeln und Räuchertofu

2–3 Personen

500 g Kartoffeln
etwas Öl (zum Anbraten)
1 Zwiebel, fein gewürfelt
2 Knoblauchzehen, gehackt
1 EL Mehl
2 l Gemüsebrühe
Salz, Pfeffer und Majoran
Brot (vom Vortag)
200 g Tofu, geräuchert
etwas Rapsöl (zum Anbraten des Tofus)
Petersilie
Schnittlauch und Blütengewürz (zum Garnieren)

Zuerst die Kartoffeln schälen und in Würfel schneiden. Dann Öl in einem hohen Topf erhitzen und die Zwiebel und den Knoblauch anrösten. Die Kartoffeln mitrösten.

Das Mehl untermischen und kurz weiterrösten bis zu einer leichten Bräunung. Mit der Gemüsebrühe aufgießen und kochen, bis die Kartoffeln weich sind.

Inzwischen das Brot würfeln, den Räuchertofu in kleine Würfel schneiden, das Rapsöl erhitzen und den Räuchertofu darin anbraten.

Das geschnittene Brot im Backofen aufbacken. Inzwischen die Kartoffelsuppe fein (oder grob, je nach Geschmack) pürieren. Das knusprige Brot und den gebratenen Räuchertofu auf der Suppe platzieren, mit Schnittlauch und Blütengewürz garnieren.

Ich nehme für die Brotwürfel immer Vollkornbrot – dann kann auch frisches Brot vom selben Tag verwendet werden.

Diese herzhafte Kartoffelsuppe ist einfach zuzubereiten und perfekt für kalte Tage. Genieße sie als Hauptgericht oder als köstliche Vorspeise!

Champignonsuppe mit gerösteten Kräuterseitlingen

2–3 Personen

1 große Zwiebel
1 Knoblauchzehe
etwas Öl (zum Anbraten)
400 g Champignons, braun
Zitronensaft
Gemüsebrühe (nach Belieben)
250 ml vegane Sahne
Salz, Pfeffer und ca. ½ TL Paprikapulver
Schnittlauch
3–4 Stk. Kräuterseitlinge

Zwiebel und Knoblauch fein schneiden und in heißem Öl anrösten. Die in Scheiben geschnittenen Champignons dazugeben und weiter anbraten, bis die Flüssigkeit fast verdampft ist. Zitronensaft hinzufügen, mit Gemüsebrühe aufgießen und köcheln lassen. Suppe pürieren und die Sahne beimengen, kurz aufkochen lassen, mit den Gewürzen abschmecken. Zum Schluss mit Schnittlauch und den klein geschnittenen Kräuterseitlingen dekorieren.

Die Suppe vor dem Servieren mit Gewürzblüten bestreuen!

Diese herrlich aromatische Suppe eignet sich hervorragend als Vorspeise, aber auch als Hauptspeise!

Kunterbunte und spicy Minestrone

2 Personen

- 1 Zwiebel
- etwas Öl (zum Anbraten)
- 1 Zucchini
- 1 kleine Süßkartoffel
- 1 Handvoll Erbsen (Tiefkühlware)
- 1 Handvoll Karfiolröschen
- ca. 1 l Wasser oder Gemüsebrühe
- 200 ml vegane Kochsahne
- Salz, Pfeffer und 1 TL Curry
- Thymian, Oregano, Petersilie und Basilikum
- Granatapfelkerne
- kleines Gebäck (optional als Beilage)

Die fein geschnittene Zwiebel in heißem Öl kurz anrösten, die würfelig geschnittene Süßkartoffel und die Zucchini hinzugeben und mitrösten. Dann die Erbsen und die Karfiolröschen ebenfalls beimengen, alles mit Wasser oder Gemüsebrühe aufgießen und 15 bis 20 Minuten köcheln lassen.

Anschließend die Kochsahne zugeben, mit Salz, Pfeffer und Curry abschmecken, mit den frischen Kräutern bestreuen und mit den Granatapfelkernen garnieren. Zu dieser Suppe passt wunderbar ein kleines Gebäck.

Minestrone kreativ – einfach mal anders!

Portobello-Pilze
mit Gemüsefülle und Feta

2 Personen

- 4 Portobello-Pilze
- 1 mittelgroße Zwiebel
- 1 Knoblauchzehe
- 1 roter oder grüner Paprika
- 1 kleine Karotte
- 1 Stange Frühlingszwiebel
- veganer Feta
- 1 EL Rapsöl
- Salz und Pfeffer

Die Portobello-Pilze putzen und in eine gefettete Form geben. Die fein geschnittenen Zwiebeln in heißem Öl anrösten. Knoblauch fein hacken, Gemüse in Stücke schneiden und kurz mit den Zwiebeln mitrösten. Mit Salz und Pfeffer abschmecken, zum Schluss den veganen Käse untermischen.

Die Portobello-Pilze mit der Gemüsemischung füllen und im vorgeheizten Backofen bei 200 °C Heißluft ca. 10 min backen.

Den veganen Feta mit Kräutern, Salz und Pfeffer marinieren – schmeckt super!

Eine Augenweide auf dem Teller, außerdem superschmackhaft und leicht!

Spring Rolls mit mariniertem Tofu und Erdnusssauce

2 Personen

- 400 g Tofu
- 3 EL Sojasauce
- 2 EL Tamari-Sauce
- 1 Chilischote, gehackt
- 2 Zehen Knoblauch, gehackt
- Salz und Pfeffer
- 1 TL Sriracha
- 2 Karotten
- 1 grüner Paprika
- 1 roter Paprika
- 1 Avocado
- 100 g Zuckererbsen
- 1 Salatgurke
- 6 Stangen Frühlingszwiebel
- etwas Eissalat oder Rucola
- ein paar Minzblätter
- 150 g Reisnudeln
- 12 Blätter Reispapier

Erdnusssauce

- 150 g Erdnussmus
- etwas Wasser
- etwas Sojasauce
- Knoblauch, Ingwer, Zitronensaft, Sriracha (nach Belieben)
- Agavensirup oder Kokosblütensirup (bei Bedarf)

Den Tofu mit einer Gabel zerkleinern und mit Sojasauce, Tamari-Sauce, Chili, Knoblauch, Salz, Pfeffer und Sriracha mischen und im Kühlschrank ziehen lassen. Inzwischen für die Erdnusssauce alle Zutaten bis zur gewünschten Konsistenz verrühren.

Nun das Gemüse in dünne Streifen schneiden und auf eine Platte legen. Die Reisnudeln 5 bis 10 Sekunden kochen. Eine Pfanne mit warmem Wasser vorbereiten und die Reisblätter nach und nach darin einweichen.

Nun die Reisblätter und mit den vorbereiteten Zutaten (Gemüse und Reisnudeln) belegen und einschlagen. Die fertigen Röllchen auf einer Platte anrichten und garnieren.

Die Frühlingsrollen bis zum Servieren mit einem feuchten Tuch abdecken, damit das Reispapier nicht trocken wird. Schließlich mit der Erdnusssauce servieren.

Die Pfanne mit den eingeweichten Reisblättern, das Gemüse und die Reisnudeln auf den Tisch stellen, dann kann sich jeder seine eigenen Rollen nach Belieben zubereiten!

Erfrischend an heißen Tagen und ideal als leichte Zwischenmahlzeit. Eine Frühlingsrolle als kulinarisches Kunstwerk!

Scharf angebratene Reisnudeln mit marinierten Zucchini-Streifen

2 Personen

150 g Reisnudeln
1 mittelgroße Zucchini
½ Stange Lauch
1 kleine Zwiebel
1 Spitzpaprika, rot
1 frische Chilischote
4 EL Sojasauce
Salz und Pfeffer
Olivenöl (zum Anbraten)

Olivenöl, Salz, Pfeffer und Paprikapulver (zum Marinieren der Zucchinistreifen)

Die Reisnudeln kochen und warm stellen. Die Zucchini in dünne Streifen und den Lauch in Ringe schneiden. Nun die Zucchinistreifen mit Olivenöl, etwas Paprikapulver, Salz und Pfeffer (optional Chiliflocken dazumischen) marinieren. Die Zwiebel grob hacken und Spitzpaprika in dünne Streifen schneiden. Nun noch die frische Chilischote fein hacken.

Anschließend Öl in der Pfanne erhitzen, die Zwiebeln kurz anrösten, Gemüse, Chili und Sojasauce dazugeben und alles ca. 3 bis 4 Minuten mitrösten. Anschließend die warmen Reisnudeln untermischen, abschmecken, auf Tellern anrichten und servieren.

Asiatisch, aromatisch, leicht und gut – erlebe den Hauch der fernöstlichen Küche!

Gemüsemaki
mit Wasabi und Sojasauce

2 Personen

175 g Rundkornreis (Vollkorn) oder alternativ Sushi-Reis
Salz (zum Kochen des Reises)
1 große Karotte
½ rote Spitzpaprika
½ gelbe Spitzpaprika
½ Avocado
3 Nuri-Blätter
Wasabi und Sojasauce (als Beilage)

Vollkornreis am Vortag einweichen. Dann den Reis abseihen, würzen, kochen (ca. 30 Minuten) und abkühlen lassen. Das Gemüse in Streifen schneiden.

Nuri-Blätter auf die Bambusmatte legen und den abgekühlten Reis gleichmäßig darauf verteilen.

Die Gemüsestreifen in die Mitte legen und anschließend das belegte Nuri-Blatt mit der Matte fest einrollen. Die Rolle mit einem scharfen Messer in der Mitte teilen und jede Hälfte in vier gleich große Stücke schneiden. Auf einen großen Teller legen, Wasabi und Sojasauce dazu reichen.

Die klassischen Happen der Japaner! Entdecke die frische, leichte Welt der veganen Sushi-Kreationen mit diesen Gemüsemaki!

Scharfe Gemüsetortillas

2 Personen

1 kleine Zwiebel
2 Knoblauchzehen
1 roter Spitzpaprika
1 grüner Paprika
2 Stangen Frühlingszwiebel
Salz, Pfeffer, Paprikapulver und Chili
200 g Champignons, braun
Öl (zum Anbraten)
4 große Tortillas

Außerdem

½ Salatgurke
1 große Ochsenherztomate
1 Handvoll Feldsalat
Sriracha, scharf oder mittelscharf

Die Zwiebel und den Knoblauch fein schneiden, das Gemüse klein schneiden und das Öl erhitzen. Die Zwiebel und den Knoblauch leicht anrösten, das Gemüse zugeben und alles kurz anbraten, anschließend mit Salz, Pfeffer, Paprikapulver und Chili abschmecken und warm stellen.

Nun die Champignons schneiden und in etwas Öl anbraten. Die Salatgurke und die Tomaten in Scheiben schneiden. Die Tortillas in einer beschichteten Pfanne erhitzen, mit dem zubereiteten Gemüse füllen, zusammenrollen, in Hälften schneiden und anrichten.

Die geschnittenen Tomaten, die Salatgurkenscheiben, die Champignons und den Feldsalat auf den Tellern verteilen, mit scharfer Sriracha beträufeln und genießen.

Mit gebratenen Pilzen, Ochsenherztomate und Salatgurke, verfeinert und „verschärft" mit einer Sriracha-Sauce.

Blumenkohl in Teriyaki-Marinade mit Salat

2 Personen

1 Blumenkohl
Marinade
1 Prise Salz
2 EL Rapsöl
2 EL Teriyaki
1 TL Paprikapulver
1 cm frischer Ingwer
1 TL Agavensirup
1 Knoblauchzehe
1 TL Sesamsamen

Außerdem

etwas Öl (zum Anbraten)
1 Handvoll Babyspinat
8 Minitomaten, gewürfelt

Zitronensaft von einer halben Zitrone

Den Blumenkohl in kleine Röschen teilen und im Gemüsedampfkorb knackig garen, dann auf ein Küchentuch geben. Alle Zutaten für die Marinade mischen und diese zur Seite stellen.

Das Öl in einer Pfanne erhitzen und den Karfiol ganz kurz anrösten, anschließend die Marinade über den Karfiol gießen und alles gut durchziehen lassen.

Babyspinat und Tomaten mit Zitronensaft beträufeln, den Karfiol mit dem Salat auf Tellern anrichten und genießen.

Ein sehr leichtes, schmackhaftes Gericht für zwischendurch oder als Vorspeise!

Eine kleine, leichte und schnell zubereitete Zwischenmahlzeit!

Mediterrane Röstbrote

2 Personen

- 1 große Zucchini
- 1 roter Paprika
- 8 kleine Cocktailtomaten
- 1 Zwiebel
- 1 Knoblauchzehe
- 16 schwarze Oliven
- Öl zum Braten
- frische Kräuter: Rosmarin, Thymian
- Meersalz, Pfeffer und Umami
- 4 Vollkornbrote
- 4 EL veganer Frischkäse
- Rucola
- Petersilie

Öl erhitzen und das klein geschnittene Gemüse, die Zwiebeln, den Knoblauch und die Oliven (kurz) in der Pfanne rösten. Die frischen Kräuter zugeben und alles würzen. Das Brot ebenfalls in einer Pfanne von beiden Seiten anrösten, anschließend mit Frischkäse bestreichen und mit Rucola belegen. Nun das geröstete Gemüse auf den Broten verteilen und alles mit Petersilie bestreuen.

Gemüse und Gewürze auf getoastetem Brot – eine köstliche Kombination

Çok Çok
Acı Biber
Extrem Scharf
Chilly Crushed
Acı Biber Sosu

Tacos mit Gemüse

2 Tacos

- 4 kleine Tacos
- 1 kleine Zwiebel
- 1 Karotte
- 1 Handvoll Erbsen
- 1 roter Paprika
- 1 Bund Frühlingszwiebeln
- 1 TL Öl
- 1 EL Mandelmus
- ½ TL Ras el Hanut oder ½ TL Umami
- Petersilie
- Chilisauce (optional)

Zwiebel fein schneiden und in heißem Öl anbraten, das fein geschnittene Gemüse zu den Zwiebeln geben und mitrösten. Frühlingszwiebeln nur kurz in der Pfanne schwenken, Mandelmus unterrühren, abschmecken und in die erhitzten Tacos füllen. Anrichten und mit Petersilie bestreuen, optional mit Chilisauce beträufeln.

Alle vorbereiteten Tacos auf einem großen Brett oder einem Korbtablett anrichten und servieren. Wer möchte, kann auch noch mit Blüten dekorieren – schaut sehr appetitlich aus.

Ein bisschen Mexikanisch gefällig? Unbedingt mit Chilisauce probieren!

Ligurische Focaccia mit Tomaten und Thymian

4 Personen

250 g Dinkelmehl
250 g Weizenmehl
360 g Wasser
½ Würfel frische Hefe oder 1 Pkg. Trockenhefe
12 g Salz
35–40 g Olivenöl

Belag

Kirschtomaten, Thymian und Oliven

Teig wie die anderen Hefeteige in diesem Buch zubereiten (falls Trockenhefe verwendet wird) und 40 bis 60 Minuten ruhen lassen. Den Teig in eine mit Backpapier ausgelegte Form geben, mit Tomaten und Oliven belegen und mit Thymian bestreuen. Wer möchte, kann auch Kräuter oder Knoblauch in den Teig mischen.

Mit den Fingern die klassischen Vertiefungen eindrücken, dann bei 190 °C (Ober-/Unterhitze) 20 bis 25 Minuten backen.

Wer frische Hefe verwendet, sollte ein „Dampfl" (Vorteig) machen – dazu die Hefe zerbröseln, mit 2 TL lauwarmem Wasser, etwas Zucker und Mehl anrühren und 15 Minuten zugedeckt stehen lassen, anschließend verarbeiten.

Schmeckt traumhaft als Beilage und auch als würziges Frühstücksbrot!

Flammkuchen
schnell und einfach

2–3 Personen

300 g Mehl
ca. 150 ml Wasser
1 EL Öl
6 g Salz
1 TL Sojamehl

Belag

3 EL Creme Vega oder Sauerrahm vegan
3 EL Skyr, vegan
Salz und Pfeffer

Optional

Zwiebeln
Knoblauch, gehackt
Melanzani, Zucchini oder Paprika
Käse
Salz und Pfeffer
Kräuter

Für den Flammkuchen alle Zutaten zu einem geschmeidigen Teig kneten und 30 Minuten zugedeckt ruhen lassen. Nun diesen auf ein mit Backpapier ausgelegtes Backblech geben und dünn ausrollen.

Für den Belag alle Zutaten verrühren und auf den Flammkuchenteig streichen.

Der Flammkuchen kann nun nach Belieben belegt werden: z. B. mit Zwiebel, Knoblauch, Melanzani (vorher in der Pfanne kurz anbraten), Zucchini oder Paprika. Salzen und pfeffern und mit Kräutern verfeinern. Wer möchte, kann Käse drüberstreuen. Das Backrohr auf 200 °C Heißluft vorheizen und den Flammkuchen ca. 15 Minuten backen.

Wenn es ganz schnell gehen muss, kann fertiger Flammkuchenteig verwendet werden.

Flammkuchen für alle – schnell zubereitet, wenn sich Gäste kurzfristig anmelden!

Sattmacher für den großen Hunger

Linsen-Dal „nach Art der Köchin" mit Naan-Brot

3 Personen

1 mittelgroße Zwiebel
1 TL Kurkuma
1 TL Kreuzkümmel
1 TL Paprikapulver, scharf
½ TL Koriander
1 TL Garam Masala
½ TL Bockshornklee
2 EL Olivenöl
4 Knoblauchzehen
300 g Linsen, rot
ca. 800 ml Gemüsebrühe
250 ml Kokosmilch
½ Stange Lauch
1 kleiner Paprika
2–3 EL Petersilie
1 TL geriebener Ingwer
Salz und Pfeffer

Naan-Brot

500 g Dinkelmehl Typ 630
16 g Hefe
½ TL Zucker
12 g Salz
1 TL Backpulver
½ TL Natron
150 ml Pflanzenmilch
160 g Sojaskyr
1 EL Sojamehl u. 2 EL Wasser
2 EL Öl

Öl (zum Bepinseln)
Schwarzkümmel
Knoblauch

Für das Naan-Brot zuerst 2 EL Dinkelmehl mit der Hefe, dem Zucker und etwas Pflanzenmilch anrühren und 10 Minuten gehen lassen. Anschließend das übrige Mehl, das Salz, das Backpulver und das Natron mischen. Nun die Pflanzenmilch, das Skyr, das Öl und das mit Wasser verrührte Sojamehl verquirlen. Gleich darauf alle Zutaten mischen, zu einem glatten Teig kneten, mit einem Küchentuch abdecken und gehen lassen, bis sich der Teig verdoppelt hat. Dann Kugeln falten, mit Öl bepinseln und nochmals gehen lassen.

Den Backofen auf 220 °C vorheizen – wenn möglich einen Backstein verwenden. Leicht ovale Teiglinge formen und auf den heißen Backstein legen, mit Öl bestreichen und mit dem Schwarzkümmel sowie dem gehackten Knoblauch bestreuen. 8 Minuten bei Ober- und Unterhitze hellbraun backen, in ein Küchentuch einschlagen, bis alle Brote fertig sind, und dann mit dem Linsen-Dal servieren.

Für das Linsen-Dal die Zwiebel und alle Gewürze in Olivenöl anschwitzen, den Knoblauch dazugeben und kurz mitrösten. Nun die Linsen dazugeben und mit Gemüsebrühe aufgießen – ca. 25 min köcheln lassen. Wenn die Flüssigkeit eingekocht ist, die Kokosmilch und das fein geschnittene Gemüse einrühren – nochmals 5 min köcheln lassen.
Mit Ingwer, Salz und Pfeffer abschmecken, mit Petersilie bestreuen und mit dem Naan-Brot servieren.

Die reiche Aromenvielfalt der indischen Küche genießen!

Schwammerlrisotto
mit Tomaten und gerösteten Pilzen

2 Personen

500 g Champignons
5 kleine Kräuterseitlinge oder andere Pilze
5 EL Olivenöl zum Anbraten
1 mittelgroße Zwiebel, fein gehackt
2 Knoblauchzehen, fein gehackt
250 g Einkornreis oder Dinkelreis
⅛ l Weißwein
1 l Gemüsebrühe
Salz und Pfeffer

Vor dem Servieren

1 EL vegane Butter
veganer Parmesan
frische Petersilie
Cocktailtomaten

Zuerst die Champignons putzen und in Scheiben schneiden, die Kräuterseitlinge oder anderen Pilze putzen und der Länge nach schneiden. Dann das Öl erhitzen, die fein gehackte Zwiebel andünsten, den fein gehackten Knoblauch und die Pilze (aber nicht die Kräuterseitlinge) kurz mit anbraten.

Den Reis darüberstreuen und glasig dünsten, mit dem Weißwein ablöschen, unter ständigem Rühren die Gemüsebrühe nach und nach zugeben, bis die Flüssigkeit eingekocht ist.

Die Kräuterseitlinge oder anderen Pilze anbraten und abschmecken, das weich gekochte Risotto mit Salz und Pfeffer abschmecken, die vegane Butter und den veganen Parmesan unterrühren. Mit den gerösteten Kräuterseitlingen, den Cocktailtomaten und der Petersilie garnieren.

Sehr gut schmeckt es auch, wenn das Risotto noch mit etwas grob geriebenem Parmesan bestreut wird.

Dinkelreis nennt man die entspelzten, geschliffenen Weizenkörner, die gesunde lokale Alternative zu weißem Reis!

Original israelische Falafel mit Hummus

mind. 4 Personen

600 g trockene Kichererbsen
1 Bund frische Petersilie
Knödelbrot (optional)
2 Zwiebeln
10 Knoblauchzehen
1 Chilischote
1 Bund frischer Koriander
¼ Glas Wasser

Gewürze

30 g Kreuzkümmel
30 g Salz
20 g Sesam
20 g getrockneter Koriander
1 TL Natron

Öl (zum Frittieren)

Hummus Natur

300 g gekochte Kichererbsen
5 EL Tahin (Sesammus)
Salz und Kreuzkümmel
4 Knoblauchzehen
4 EL Zitronensaft
6 EL Olivenöl
Wasser nach Bedarf
Öl, schwarzer Sesam und Kurkuma (zum Garnieren)

Die Kichererbsen über Nacht einweichen (keine vorgekochten Kichererbsen verwenden). Die eingeweichten und anschließend gut gespülten Kichererbsen gemeinsam mit der Petersilie entweder mit einem starken Küchenmixer zerkleinern oder durch einen Gemüsewolf (ehemals Fleischwolf) drücken.

Anschließend die Masse mit den übrigen zerkleinerten Zutaten zu einer homogenen Masse verarbeiten, Gewürze dazugeben und eine Stunde rasten lassen. Dann kleine Bällchen formen und in heißem Öl frittieren.

Für den Hummus alle Zutaten mixen, abschmecken und mit Öl und schwarzem Sesam garnieren oder mit Kurkuma bestreuen.

Wenn sich die Masse schlecht durch den Wolf drücken lässt, kann etwas Knödelbrot zu den Kichererbsen gegeben werden. Sehr gut schmeckt es auch, die Falafel im Fladenbrot oder auf Tellern mit Ofenpommes, Saucen oder einem Salat zu servieren.

Ursprünglich ein Bestandteil der Küche des Nahen Ostens, mittlerweile erfreuen sich die kleinen Bällchen auch bei uns großer Beliebtheit!

Vollkornspaghetti mit Sojabolognese

2–3 Personen

- 150 g Sojageschnetzeltes
- 2 Zwiebeln
- 3 EL Öl
- 2 Knoblauchzehen
- 300 g Tomatenpulpa
- 1 EL Tomatenmark
- 1 TL getrockneter Oregano
- ½ TL getrockneter Thymian
- Salz und Pfeffer
- 200 g Vollkornspaghetti
- veganer Parmesan
- Frühlingszwiebel

Das Sojageschnetzelte mit heißem Wasser übergießen (ca. 200 ml) und durchziehen lassen. Anschließend Zwiebeln in Öl anrösten und das Sojageschnetzelte und den Knoblauch kurz mit anrösten.

Nun mit Tomatenpulpa und Tomatenmark aufgießen, die Gewürze dazugeben und köcheln lassen, optional einen Schuss Rotwein dazugeben. Die Vollkornspaghetti kochen, mit der Sauce anrichten und mit veganem Parmesan und Frühlingszwiebeln bestreuen.

Der Nudelklassiker aus Bella Italia bietet die perfekte Balance zwischen der zarten Textur der Spaghetti und der herzhaften Fülle der Bolognese!

Paprika
edelsüss

Chili sin carne

3–4 Personen

- 300 g trockenes Sojageschnetzeltes
- 2 Zwiebeln, fein geschnitten
- 4 Knoblauchzehen, gehackt
- 4 EL Öl
- 1–2 EL Paprikapulver, scharf
- 1 TL Kreuzkümmel
- Salz und Pfeffer
- 500 g Tomatenpulpa
- 3 EL Tomatenmark
- 1 Paprika, grün
- 1 Paprika, rot
- 1 Karotte
- 2 kleine Jalapeños
- 200 g weiße Bohnen, gekocht
- 200 g Kidneybohnen, gekocht
- 100 g Maiskörner, gekocht
- Petersilie

Sojageschnetzeltes mit ca. 200 ml heißem Wasser oder Brühe übergießen und durchziehen lassen. Die fein geschnittenen Zwiebeln im heißen Öl anrösten, den gehackten Knoblauch zugeben und kurz mitrösten. Anschließend die eingeweichte Sojamasse mit anbraten, bis sie leicht bräunt.

Die Gewürze hinzufügen und kurz ziehen lassen. Tomatenpulpa und Tomatenmark zugeben und köcheln lassen. Nach 10 Minuten das gewürfelte Gemüse (inkl. der Jalapeños) beimengen und mitköcheln.

Zum Schluss die Bohnen und die Maiskörner unterrühren, ziehen lassen und mit Petersilie garnieren.

Alle, die es etwas schärfer mögen, können noch mit Chiliflocken nachwürzen!

Mit viel Gemüse, Bohnen, frischen Chilischoten und Gewürzen einfach unwiderstehlich!

pfeffer

Kichererbsen
mit Brokkoli und Karotten

2–3 Personen

1 kleine Zwiebel
2 EL Olivenöl
1 Knoblauchzehe
1 TL Curry
200 g, Kichererbsen, abgetropft
150 g Brokkoliröschen
150 g Karotten, gewürfelt
1 Dose Kokosmilch
Saft einer halben Zitrone
Salz und Pfeffer
frische Petersilie

Die klein geschnittene Zwiebel im Öl anrösten, die gehackte Knoblauchzehe dazugeben und mit dem Currypulver kurz mitrösten. Kichererbsen, die Brokkoliröschen und die Karottenwürfel dazugeben.

Mit Kokosmilch und etwas Wasser (besser mit Gemüsebrühe) aufgießen und ca. 10 Minuten köcheln lassen. Zitronensaft dazugeben, mit Salz und Pfeffer abschmecken und mit frischer Petersilie bestreuen. Mit Reis oder Hirse servieren.

Wer möchte, kann die Kichererbsen am Vortag einweichen und am nächsten Tag kochen (als Vorratsmenge ideal). Wenn es schnell gehen muss, sind vorgekochte Kichererbsen aus dem Glas perfekt.

Das schnelle Curry mit der besten Nährstoffversorgung!

Pilzpasta
mit Lauch und Sojasahne

2 Personen

200 g Pasta
1 kleine Zwiebel
2 EL Olivenöl
200 g Champignons, braun
1 Stange Lauch
etwas Wasser oder Gemüsebrühe (zum Ablöschen)
150 ml Sojasahne
Salz und Pfeffer
½ TL Bockshornklee
½ grüne Spitzpaprika (zum Garnieren)

Pasta kochen (bissfest). Die Zwiebel in Öl anrösten, die in dünne Scheiben geschnittenen Champignons zugeben und alles weiter anrösten. Den Lauch in Scheiben schneiden, die halbe Menge in die Pfanne geben und kurz mit anbraten.

Nun die gekochte Pasta hinzufügen und mit Wasser oder Brühe ablöschen. Die Sojasahne einrühren, den restlichen Lauch auf der Nudelmasse verteilen, mit den Gewürzen abschmecken, mit Spitzpaprika garnieren und servieren.

Ein Gaumenschmaus und eine Hommage an das erdige Aroma von Pilzen und die delikate Süße von Lauch!

Chana Masala

indisches Kichererbsencurry

2–3 Personen

150 g Zwiebeln
4 EL Öl
4 Knoblauchzehen, gehackt
2 TL Paprikapulver
je ½–1 TL Garam Masala, Kreuzkümmel, Koriander, Kurkuma
Salz und Pfeffer
Ingwer, gehackt
1 kleine Chilischote, gehackt
6 Tomaten
500 ml Tomatenpulpa
Wasser oder Gemüsebrühe nach Bedarf
300 g Kichererbsen, gekocht
1 rote Spitzpaprika, in Ringe geschnitten
2 Karotten
150 g Erbsen
100 g frischer Spinat (optional)

Die Zwiebeln im heißen Öl anrösten, dann Knoblauch und die Gewürze zugeben, alles kurz mitrösten. Die klein geschnittenen Tomaten einrühren, mit Tomatenpulpa und Gemüsebrühe ablöschen und köcheln lassen.

Die gekochten Kichererbsen in die Sauce einrühren und weiterkochen. Spitzpaprika und die geschnittenen Karotten mit den Erbsen zu den Kichererbsen geben. Wer möchte, kann noch den Spinat hinzufügen. Alles ca. 10 Minuten weiterköcheln lassen, anschließend mit Salz und Pfeffer abschmecken.

Mit Petersilie garnieren und mit Quinoa, Vollkornreis und/oder Naan-Brot servieren!

Ein klassisches indisches Gericht, das auf Kichererbsen basiert und mit einer reichhaltigen Mischung aus Gewürzen zubereitet wird!

Arabische Brotfladen mit Gemüsefüllung

2 Personen

1 große Zwiebel
2 Knoblauchzehen
3 EL Olivenöl
1 rote Spitzpaprika
200 g Brokkoli
1 kleine Stange Sellerie
2 Karotten
1 kleine Zucchini
1 kleine Stange Frühlingszwiebel
2 EL Mandelmus, weiß
Gemüsebrühe
Salz und Pfeffer
je ½ TL Paprikapulver scharf, Bockshornkleesamen und Kurkuma
etwas Sriracha

2–4 Stück arabische Brotfladen (gibt es im türkischen Lebensmittelladen)

Für den Dip

1 Knoblauchzehe
½ Glas kleine Gewürzgurken
1 kleiner Becher veganer Sauerrahm
2 EL vegane Mayonnaise

Die Zwiebel und den Knoblauch fein schneiden und im heißen Öl anrösten. Das fein geschnittene Gemüse zugeben und dünsten – das Gemüse sollte knackig bleiben.

Nun das Mandelmus einrühren und alles mit Gemüsebrühe ablöschen. Mit Salz, Pfeffer, Bockshornkleesamen und Kurkuma abschmecken.

Zum Schluss die leicht vorgewärmten Brotfladen mit dem Gemüse füllen. Wer möchte, kann die Brotfladen mit Öl bestreichen und ca. 4 min in das vorgeheizte Backrohr schieben, dann mit Sriracha verfeinern.

Für den Dip Gewürzgurken und Knoblauch fein schneiden und mit den restlichen Zutaten mischen.

Gnocchi mit Erbsen und Tomaten in aromatischer Salbeibutter

3 Personen

Gnocchi

400 g Kartoffeln, mehlig
60 g Dinkelmehl, Typ 630
60 g Hartweizengrieß
Salz und eine Prise weißer Pfeffer

Salbeibutter

150 g vegane Butter
10 Cocktailtomaten
frische Salbeiblätter
Pfeffer aus der Mühle

Für die Gnocchi die mehligen Kartoffeln kochen, abkühlen lassen, schälen und durch eine Kartoffelpresse drücken. Mit Mehl, Hartweizengrieß, Salz und Pfeffer zu einem geschmeidigen Teig verkneten. Der Teig sollte nicht kleben, je nach Bedarf einfach mehr Mehl verwenden!

Nun aus dem Teig fingerdicke Rollen drehen, von diesen ca. 3 cm lange Stücke abschneiden und auf einer Seite mit der Gabel ein Muster eindrücken. Die Gnocchi anschließend auf eine bemehlte Fläche legen.

In der Zwischenzeit Salzwasser zum Kochen bringen und die Gnocchi ca. 5 Minuten ziehen lassen – vorsichtig herausnehmen, abtropfen lassen und anrichten.

Für die Salbeibutter vegane Butter in einer Pfanne erhitzen. Die Cocktailtomaten und die grob geschnittenen Salbeiblätter in die vegane Butter geben und kurz darin wälzen. Nun die Gnocchi auf der Salbeibutter anrichten und sofort noch heiß servieren.

Am besten schmecken die Gnocchi, wenn sie sofort sehr heiß serviert werden.

Der in Butter geschwenkte Salbei verleiht dem Gericht eine spezielle Note!

Vollkornpasta mit grüner Käse-Rucola-Walnuss-Sauce

2–3 Personen

200 g Vollkornpasta
5 EL Pflanzenmargarine
3 EL Dinkelvollkornmehl
200 ml Pflanzenmilch
100 g Rucola
100 g Walnüsse oder Cashewkerne
2 Knoblauchzehen
100 ml Olivenöl

3 EL Hefeflocken
2 TL Senf
Salz und Pfeffer
1 Handvoll Erbsen
veganer Parmesan

Pasta in Salzwasser kochen. Die Pflanzenmargarine in einer Pfanne erhitzen, das Mehl hinzugeben und rasch mit lauwarmer Pflanzenmilch verrühren.

Rucola, Walnüsse oder Cashewkerne, Knoblauch und das Olivenöl mit dem Stabmixer in einem getrennten Gefäß pürieren. Anschließend die Masse mit dem Mehlbrei, den Hefeflocken und dem Senf vermischen sowie mit Salz und Pfeffer abschmecken. Die Pasta mit der grünen Sauce anrichten, mit Erbsen und veganem Parmesan servieren.

Dieses Gericht ist eine gesunde und köstliche Kombination, die den nussigen Geschmack von Vollkornnudeln mit dem einer erfrischenden und würzigen grünen Rucola-Sauce vereint!

Tofu-Nuss-Brätlinge
auf Karotten-Orangen-Gemüse

2–3 Personen

Brätlinge
- 1 Zwiebel
- 2 EL Öl
- 25 g Walnüsse
- 300 g Tofu
- ½ Stange Lauch (mittelgroße Stange)
- 3 EL Karotten und 3 EL Knollensellerie, zerkleinert
- 1 EL geschroteter Leinsamen (mit 2 EL Wasser ca. 10 Minuten einweichen)
- 1 TL Senf
- 4 EL Petersilie, gehackt
- Salz und Pfeffer
- Koriander
- 2 EL Dinkelbrösel

- bei Bedarf etwas Dinkelmehl
- etwas Öl (zum Braten)

Gemüse
- 4 mittelgroße Karotten
- 3 Orangen (Bio)
- etwas Öl (zum Anbraten)
- 200 ml Gemüsebrühe
- 1 TL Stärkemehl

- Salat nach Wahl (zum Garnieren)

Für die Burger die fein geschnittene Zwiebel im heißen Öl anrösten und die fein gehackten Walnüsse untermischen. Dann den Tofu zerkleinern und mit den gerösteten Zwiebeln, den Walnüssen, dem fein gehackten Gemüse und den restlichen Zutaten zu einer homogenen Masse verkneten.

Abschmecken und rasten lassen. Mit feuchten Händen Burgerpatties formen und im erhitzten Öl beidseitig anbraten.

Für das Gemüse die Karotten mit einer Gemüsebürste putzen und in Streifen schneiden. Von einer halben, heiß gewaschenen Orange die Schale abreiben, die übrigen Orangen auspressen.

In einer Pfanne Öl erhitzen und die Karotten anbraten, mit Brühe aufgießen und einige Minuten bissfest köcheln lassen. Orangensaft, Orangenschale und Stärke verrühren und zu den Karotten geben, weiter kurz köcheln lassen. Zum Schluss abschmecken und mit Salat nach Wahl garnieren!

Diese Brätlinge zeigen, dass pflanzliche Küche nicht nur gesund, sondern auch äußerst schmackhaft ist!

Jackfruit-Pulled-Burger mit Ofenpommes

3–4 Personen

2 Dosen Jackfruit*
1 Zwiebel
2 Knoblauchzehen
1 TL Paprikapulver, geräuchert, scharf
½ TL Kreuzkümmel
½ TL Kurkuma
½ TL Chili, gemahlen
1 EL Öl
Salz und Pfeffer
BBQ-Sauce nach Belieben
Brokkoli, Zucchini, Tomaten, Rucola, Gurken und Spitzpaprika (zum Garnieren)

BBQ-Sauce

200 g Tomaten, passiert
50 g Tomatenmark
1 kleine Zwiebel
1 TL Apfelessig
1 TL Flüssigrauch
1 TL Rauchpaprika
1 EL Öl
Ahornsirup
Salz, Pfeffer und Chili

Kartoffelchips

4 Kartoffeln
Salz, Pfeffer
Paprikapulver, Chilipulver und Rosmarin
etwas Rapsöl

Zuerst die BBQ-Sauce zubereiten. Dafür alle Zutaten mischen, scharf abschmecken und im Kühlschrank rasten lassen.

Für den Burger die Jackfruit abtropfen lassen und zerkleinern. Die fein geschnittene Zwiebel im heißen Öl anbraten und die Knoblauchzehen dazugeben. Anschließend die zerkleinerte Jackfruit und die Gewürze beimengen und ebenfalls anrösten. Zum Schluss kommt die Barbecue-Sauce dazu. Dann noch ca. 20 Minuten köcheln lassen.

Zum Garnieren alle Gemüsesorten schneiden und auf dem Teller mit dem Burger anrichten und servieren. Bei Bedarf noch etwas Wasser hinzugeben.

Kartoffelchips passen wunderbar als Beilage zu den Burgern. Dafür 4 Kartoffeln schälen und in Scheiben schneiden. Für eine Marinade Salz, Pfeffer, Paprikapulver, Chilipulver und Rosmarin mit Rapsöl mischen.

Die Kartoffelchips in der Marinade ziehen lassen und auf einem mit Backpapier belegten Blech in den vorgeheizten Backofen schieben. Bei 180 °C Heißluft ca. 25 bis 30 Minuten backen – nach ca. 15 Minuten wenden.

Alternativ können auch Süßkartoffelscheiben im Ofen gebraten werden!

Der Jackfruit-Burger ist eine aufregende und schmackhafte vegane Alternative zu traditionellen Burgern.

* aus ökologischem Anbau bevorzugen – Klimabilanz

Zucchini-Karotten-Spaghetti mit Kürbiscreme

2 Personen

2 große Zucchini
2 mittlere Karotten

Kürbis-Karotten-Creme
500 g Hokkaido-Kürbis
200 g Karotten
1 kleine Zwiebel
1 EL Olivenöl
2 EL Erdnussmus
1 Handvoll Petersilie
Salz und Pfeffer

Zucchini und Karotten waschen und die Enden abschneiden. Mit einem Spiralschneider daraus Nudeln formen. Diese in Salzwasser 3 Minuten köcheln lassen, anschließend warm stellen.

Für die Kürbis-Karotten-Creme zuerst Kürbis und Karotten waschen und in Würfel schneiden. Die fein geschnittene Zwiebel in heißem Öl anrösten, dann die Kürbis- und Karottenwürfel hinzugeben und mitdünsten.

Wenn die Würfel weich sind, alles zu einer feinen Masse pürieren und das Erdnussmus unterrühren. Mit Petersilie, Salz, Pfeffer abschmecken, anrichten und servieren.

Die kalorienarme Form von Nudeln schmeckt nicht nur gut, sondern ist auch optisch ein Highlight!

Bohnenlaibchen

mit veganem Sauerrahm-Topping und Salat

2–3 Personen

1 kleine Zwiebel
1 kleine Knoblauchzehe
Öl zum Anbraten
1 TL getrocknete Kräuter (Oregano und Thymian)
1 Dose Kidneybohnen
5 EL Haferflocken
1 TL scharfer Senf
1 TL Tomatenmark
1 TL Paprikapulver, edelsüß
1 TL Paprikapulver, geräuchert
½ TL Kreuzkümmel
½ TL Kurkuma
3 EL Sojamehl
3 EL Leinsamen/6 EL Wasser (10 Minuten quellen lassen)
2 EL Petersilie

Dip

4 EL veganer Sauerrahm
etwas Pflanzenjoghurt
Salz, Pfeffer
optional: Curry

Zwiebel und Knoblauch in Öl leicht braun anrösten, die getrockneten Kräuter kurz in der Pfanne mitschwenken und alles zur Seite stellen. Die Kidneybohnen, die Haferflocken und die Gewürze zu einer homogenen Masse mixen. Diese mit den gebratenen Zutaten, dem Sojamehl, dem Leinsamenbrei und der Petersilie mischen.

Hände befeuchten und Laibchen formen, in einer Pfanne Öl erhitzen und die Brätlinge von beiden Seiten 4 Minuten anbraten.

Für den Dip 4 EL veganen Sauerrahm mit etwas Pflanzenjoghurt verrühren und mit Salz, Pfeffer sowie optional auch Curry abschmecken.

Zu den Bohnenlaibchen passen auch beliebige Salate sowie die Kartoffelchips von S. 83 sehr gut.

Bohnen sind eine wichtige Nährstoffquelle und vielseitig verwendbar!

Ravioli mit Bärlauch-Mandel-Fülle

2–3 Personen

Ravioli

250 g Hartweizengrieß
Salz
2 EL Olivenöl
130 ml Wasser

Fülle

100 g frischer Bärlauch
3 EL Hefeflocken
150 g Mandeln
3–4 EL Olivenöl
2 Knoblauchzehen
Salz und Pfeffer

Vegane Butter

3 EL vegane Butter
2 Stangen Frühlingszwiebel
2 Knoblauchzehen, gehackt

Rucola und Chiliflocken (zum Garnieren)

Für die Fülle den Bärlauch waschen, grob schneiden und mit allen weiteren Zutaten zu einem Pesto mixen.

Für die Ravioli den Grieß mit dem Salz, dem Öl und dem Wasser zu einem geschmeidigen, weichen Teig verkneten und eine halbe Stunde zugedeckt ruhen lassen.

Den Teig anschließend mit einer Nudelmaschine oder mit einem Nudelholz dünn auswalken. Nun z. B. mit einem Glas Kreise ausstechen, die Kreise am Rand mit etwas Wasser bestreichen.

Mit einem kleinen Löffel die Füllung draufgeben und zusammenklappen. Die Ränder mit einer Gabel andrücken und im leicht kochenden Salzwasser 3 Minuten garen.

In einer Pfanne die vegane Butter zerlassen, die fein geschnittenen Frühlingszwiebeln und den Knoblauch zugeben und die Ravioli in der veganen Butter schwenken. Mit Rucola und Chiliflocken anrichten und heiß servieren.

Ravioli können nach Belieben gefüllt werden – je nach Verfügbarkeit und saisonalem Angebot z. B. mit Spinatfülle, Pilzfülle, Kürbisfülle etc.

Eine delikate Pasta-Spezialität, zart und aromatisch

Gemüsemix auf gebratenen Melanzanischeiben

2 Personen

1 große Melanzani
Salz, Öl und Paprikapulver

1 Zwiebel
1 Knoblauchzehe
etwas Öl (zum Anbraten)
1 Spitzpaprika, rot
1 Stange Lauch
1 Handvoll Erbsen
Salz und Pfeffer
½ TL Curry
Granatapfelkerne

2 Karotten
Saft einer halben Zitrone
Petersilie und frische
Kräuter nach Geschmack

Die Melanzani in Scheiben schneiden, auf ein Küchentuch legen und salzen, nach 10 Minuten abtrocknen. Öl und Paprika verrühren, die Melanzanischeiben einpinseln und in den auf 200 °C Heißluft vorgeheizten Backofen geben und bräunen.

Zwiebel und Knoblauch fein schneiden und in heißem Öl anrösten. Das geschnittene Gemüse (Paprika, Lauch, Erbsen) dazugeben und kurz mitrösten. Noch so lange in der Pfanne bewegen, bis das Gemüse eine bissfeste Konsistenz hat.

Nun noch die Karotten gut waschen, in Streifen schneiden (funktioniert sehr gut mit einem Streifenschäler), mit Zitronensaft beträufeln, anrichten und mit Petersilie und frischen Kräutern bestreuen.

Nun die gebräunten Melanzanischeiben mit dem Gemüse anrichten. Die Karottenstreifen auf dem Gericht verteilen und mit Petersilie und Kräutern nach Belieben bestreuen.

Dieses Gericht ist nicht nur ein Fest für den Gaumen, sondern mit seinen lebendigen Farben auch eine visuelle Freude.

Malai Kofta auf Süßkartoffel-Karfiol-Zucchini-Sauce

3–4 Personen

Koftas

4 mittelgroße Kartoffeln
200 g Kichererbsen, gekocht
200 g Gemüse (Brokkoli, Erbsen, Lauch, Karotten etc.)
100 g Cashewkerne (eingeweicht)
1 TL Leinsamen, geschrotet
2 EL Sojamehl (mit 3 EL Wasser anrühren)
Salz und Pfeffer
je 1 TL Kurkuma, Koriander, Garam Masala
Öl

Sauce

1 Süßkartoffel
1 kleiner Blumenkohl
1 kleine Zucchini
1 Zwiebel
etwas Öl (zum Anbraten)
Gemüsebrühe
Salz und Pfeffer
frischer Schnittlauch

Für die Koftas Kartoffeln mit der Schale kochen, kurz abkühlen lassen und schälen. Das Gemüse zerkleinern und blanchieren. Nun die Kartoffeln mit dem Gemüse, den eingeweichten Cashewkernen, dem Leinsamen, dem Sojamehl und den Gewürzen durch die Kartoffelpresse drücken und kurz stehen lassen.

Anschließend aus der Masse kleine Koftas formen und diese mit Öl bestreichen. Den Backofen auf 220 °C Heißluft vorheizen. Die Koftas auf das mit Backpapier belegte Backblech legen und ca. 30 min backen. Alternativ können die Bällchen auch in der Pfanne goldbraun gebraten werden.

Für die Sauce die Süßkartoffel schälen und würfeln. Den Blumenkohl in kleine Röschen teilen und die Zucchini würfeln. Dann die Zwiebel fein schneiden und in heißem Öl anrösten. Gemüse und Süßkartoffel hinzugeben und mitrösten.
Mit Gemüsebrühe ablöschen und köcheln lassen, bis die Zutaten weich sind. Abschmecken, mit Schnittlauch bestreuen und servieren.

Wenn du die Koftas im Backofen garst, sparst du jede Menge Fett und Kalorien!

Ein köstliches und reichhaltiges Gericht der nordindischen Küche!

Mediterrane Tagliatelle
mit gerösteten Zucchiniwürfeln

2 Personen

200 g Tagliatelle
1 Zwiebel
2 Knoblauchzehen
6 Tomaten
500 ml Tomatenpulpa
Salz und Pfeffer
frische Kräuter (Thymian, Oregano und Basilikum
Öl (zum Anbraten)

1 Zucchini
Salz und Pfeffer
1 Prise Paprikapulver

veganer Parmesan
etwas frisches Basilikum

Tagliatelle kochen, abseihen und warm stellen. 1 Tasse Kochwasser für die Sauce aufbehalten. Zwiebel und Knoblauch fein hacken und in heißem Öl kurz anrösten.

Die gewürfelten Tomaten dazugeben und mitrösten. Tomatenpulpa beimengen, abschmecken und köcheln lassen. Anschließend die frischen gehackten Kräuter zur Sauce geben und warm stellen.

Nun noch die Zucchini würfeln, würzen und in heißem Öl anrösten. Die Tagliatelle anrichten, mit der Tomatensauce übergießen, die Zucchiniwürfel dazugeben, veganen Parmesan darüberstreuen und mit Basilikum garnieren.

Dieses Rezept lässt viel Raum für Variationen, da du verschiedene Samen, Gewürze oder getrocknete Kräuter hinzufügen kannst!

Kürbis-Süßkartoffel-Gulasch mit Quinoa

3–4 Personen

600 g Hokkaido-Kürbis
1 Süßkartoffel
500 g Zwiebel
Salz und Pfeffer
1 TL Paprikapulver
½ TL Kümmel, gemahlen
½ TL Majoran
1 EL Tomatenmark
Öl
Gemüsebrühe zum Aufgießen
300 g Quinoa
600 ml Wasser
Salz

1 Handvoll Rucola
1 Tomate

Den Kürbis waschen (nicht schälen) und würfeln. Die Süßkartoffel schälen und in Würfel schneiden. Die Zwiebel grob hacken und in heißem Öl anrösten, anschließend die gewürfelte Süßkartoffel und die Kürbiswürfel mitrösten. Gewürze zugeben und kurz schwenken, mit Gemüsebrühe aufgießen und köcheln lassen, bis die Zutaten weich sind.

Quinoa in kochendes Salzwasser geben, kurz aufkochen lassen und anschließend 30 Minuten quellen lassen. Anrichten und mit Rucola und der Tomate garnieren.

Ein herzhaftes und wärmendes Gericht, das die süße Note von Kürbis und Süßkartoffeln mit aromatischen Gewürzen kombiniert!

Spinatlaibchen
auf Kartoffelstampf und Rotkraut

2–3 Personen

Spinatlaibchen
- 1 Zwiebel
- etwas Öl (zum Anbraten)
- frische Petersilie
- 150 ml Pflanzenmilch
- 250 g Brotwürfel
- 500 g frischer Spinat
- 1 EL Sojamehl und
- 2–3 EL Wasser
- 2 EL Dinkelmehl
- 1 TL Stärkemehl
- 60 g veganer Käse
- 1 Prise Muskatnuss
- Salz und Pfeffer

Kartoffelstampf
- 4 kleine Kartoffeln
- Salz und Pfeffer
- Pflanzenmilch
- vegane Butter

Rotkraut
- 1 Zwiebel
- etwas Öl (zum Anbraten)
- 1 kleiner Kopf Rotkraut
- Salz und Pfeffer
- Kümmel, gemahlen
- etwas Rotwein zum Ablöschen
- eine kleine Menge Wasser
- 1 EL Mandelmus

grüne Salatblätter und Karottenröllchen

Für die Spinatlaibchen die Zwiebel fein schneiden und mit Öl anrösten. Die fein geschnittene Petersilie dazugeben und mit der Pflanzenmilch ablöschen, anschließend alles unter die Brotwürfel mischen.

Nun den Spinat blanchieren, gut abtropfen lassen und fein hacken. Dann alle Zutaten für die Laibchen unter die Brotmasse mischen und gut verkneten, abdecken und durchziehen lassen. Laibchen formen und in einer beschichteten Pfanne mit wenig Öl anbraten.

Für den Kartoffelstampf die Kartoffeln in Salzwasser kochen, bis sie weich sind. Das Wasser abgießen, die Kartoffeln schälen und würfeln. Mit Pflanzenmilch und veganer Butter zerstampfen, abschmecken und warm stellen.

Für das Rotkraut die Zwiebel fein schneiden und in heißem Öl anrösten. Das fein geschnittene Rotkraut zu den Zwiebeln geben und mitrösten. Gewürze hinzugeben und mit dem Rotwein ablöschen. In der Pfanne bewegen, bis das Rotkraut weich ist (ganz wenig Wasser zugeben), dann noch das Mandelmus einrühren.

Zum Anrichten den Kartoffelstampf, die Tomatenscheiben und das Spinatlaibchen in einen Metallring schichten und auf das Rotkraut stellen. Den Ring anschließend entfernen und alles mit Salatblättern und Karottenröllchen garnieren.

Eine köstliche und ausgewogene Kombination, die den frischen Geschmack von Spinat mit der cremigen Textur von Kartoffelstampf vereint!

Süße
Träume

No-bake-Schokomousse-Torte

Springform (20 cm)

- 250 g Keksbrösel
- 100 g Kakaobutter oder vegane Margarine
- 200 g vegane Sahne
- 3–4 EL Kakaopulver
- 3 EL vegane Schokolade, gerieben
- 100 g Pflanzenjoghurt
- 60 ml Wasser oder Pflanzenmilch
- 3 TL Agar-Agar
- 2 EL Agavensirup
- Beeren und Schokostreusel

Die Kekse zerbröseln und mit zerlassener Kakaobutter oder veganer Margarine verrühren. Die Masse anschließend in eine Backform drücken und kühl stellen.

In der Zwischenzeit die vegane Sahne aufschlagen und mit Kakaopulver, geriebener Schokolade und dem Pflanzenjoghurt verrühren. Dann 3 EL Sahnemasse zur Seite stellen.

Agar-Agar nach Anleitung zubereiten, die zur Seite gestellte Sahnemasse unter das leicht abgekühlte Agar-Agar rühren (damit sich keine Klümpchen bilden), im Anschluss die restliche Sahnemasse unterrühren. Alles auf dem gekühlten Keksboden verteilen, mit Beeren und/oder Schokostreuseln garnieren.

Ein herrlich schokoladiges und erfrischendes Dessert, das ohne Backen zubereitet wird!

Klassisches Apfelmus mit Zimt

2–3 Personen

6 mittelgroße Äpfel
200 ml Wasser
Rohrohrzucker oder Agavensirup nach Geschmack
1 TL Zimt
3 Nelken
1 Sternanis

Die Äpfel waschen, anschließend die Kerngehäuse entfernen und alle in Spalten schneiden. Mit Wasser, Zucker, Zimt, Sternanis und Nelken weich köcheln lassen. Die Gewürze herausnehmen, mit dem Stabmixer pürieren und in Gläser füllen. Mit Apfelspalten und Zimtstange garnieren.

Wer möchte, kann noch Pflanzenjoghurt Natur oder mit Vanillegeschmack dazu reichen – beides schmeckt sehr erfrischend!

Ein zeitloser Klassiker, der den Geschmack von Kindheitserinnerungen wieder aufleben lässt.

Mohnschnitten
mit Hefeteig und Mohnfülle

1 Blech

Teig
- 200 g Dinkelvollkornmehl
- 300 g Dinkelmehl Typ 630
- 1 Packung Trockenhefe oder ½ Würfel frische Hefe
- 80 g Rohrohrzucker
- 150 g Pflanzenmargarine
- 125 ml lauwarme Pflanzenmilch
- 3 EL Sojamehl und 6 EL Wasser
- 1 TL Weinstein-Backpulver

Belag
- 600 g Mohn
- 100 g Rosinen
- 200 g Rohrohrzucker
- ½ l Milch
- 2 TL Zimt

- frische Marillen (oder aus der Dose)
- Marillenmarmelade
- 1 EL Rum
- 1 EL Wasser

Das Mehl, die Trockenhefe, den Zucker, die zerlassene Margarine, die lauwarme Pflanzenmilch, das Sojamehl mit Wasser und das Backpulver zu einem glatten Teig kneten und an einem warmen Ort gehen lassen (ca. 60 min).

Den Teig halbieren, eine Hälfte ausrollen und auf das gefettete oder mit Backpapier belegte Blech legen. Für die Mohnmasse Mohn, Zucker, Milch, Rosinen und Zimt in einem Topf aufkochen und dann abkühlen lassen. Die Mohnmasse auf dem Teig verteilen.

Nun die andere Teighälfte ausrollen und auf die Mohnmasse legen, die Ränder schließen. Die geschnittenen Marillen auf dem Teig verteilen und in das vorgeheizte Backrohr geben. Bei 180 °C Heißluft ca. 45 min backen. In der Zwischenzeit die Marillenmarmelade mit dem Rum und dem Wasser verrühren.

Wenn der Teig eine schöne mittelbraune Farbe hat, aus dem Ofen nehmen. Mit der vorbereiteten Marmeladenmasse vorsichtig bestreichen und abkühlen lassen. Anschließend in kleine Schnitten aufteilen, anrichten und servieren.

Die Mohnfüllung sorgt für eine wahre Geschmacksexplosion.

Schokomousse-Vanillecreme

mit gedämpften Orangen und Granatapfelkernen

2–3 Personen

200 g Pflanzenjoghurt Vanille
2 EL Kakao
1 EL Rohrzucker
2 EL Schokostreusel
100 g Pflanzenjoghurt
½ TL Vanillepulver
1 TL Agavensirup
1 EL Rohrzucker
1 große Orange, gewürfelt

½ TL Zimt
Schlagsahne,
2 TL Staubzucker
und ½ TL Vanillepulver
(im iSi© Sahnespender
vorbereiten)
Orangenscheiben

Vanillejoghurt, Kakao, Rohrzucker und Schokostreusel verrühren und zur Seite stellen. Das Pflanzenjoghurt mit dem Vanillepulver und dem Agavensirup vermengen und ebenfalls beiseitestellen. Nun einen weiteren EL Rohrzucker in einer kleinen Pfanne schmelzen und mit der gewürfelten Orange auf kleiner Flamme dämpfen lassen. Mit Zimt abschmecken.

Die Zutaten schichtweise in Gläser füllen – die abgekühlten Orangenwürfel zum Schluss auf die Masse geben, mit der Sahne-Zucker-Vanille-Mischung aus dem Sahnespender und Orangenscheiben garnieren und sofort servieren.

Diese Kombination aus cremigem Schokoladenmousse und aromatischen gedämpften Orangen verspricht ein sinnliches Geschmackserlebnis!

Mohnnudeln

3–4 Personen

500 g mehlige Kartoffeln
60 g Dinkelvollkornmehl
60 g Dinkelmehl, Typ 630
60 g Hartweizengrieß
1 Prise Salz
1 EL Sojamehl
60 g vegane Margarine oder vegane Butter

Für die Pfanne

1 EL vegane Butter
2 EL Mohn
Agavensirup nach Belieben

Die Kartoffeln kochen, schälen, durch eine Kartoffelpresse drücken und auf der bemehlten Arbeitsfläche mit den restlichen Zutaten zu einem geschmeidigen Teig kneten. Den Teig etwas ruhen lassen, anschließend zu mehreren fingerdicken Rollen formen. Von diesen dann Stücke mit ca. 3 cm Länge abschneiden und zu Nudeln formen.

Die Nudeln in leicht gesalzenes und leicht kochendes Wasser geben und ca. 5 Minuten wallen lassen. Vorsichtig herausnehmen, in die Pfanne mit der heißen Butter legen und schwenken. Mit Mohn bestreuen und nach Bedarf mit Agavensirup süßen.

Mohnnudeln sind nicht nur ein Genuss für den Gaumen, sondern auch ein kulturelles Erlebnis, das die reiche Tradition der österreichischen Süßspeisen widerspiegelt!

Mohnstrudel

2 Strudel

- 1 Beutel Trockenhefe (oder ½ Würfel frische Hefe)
- 1 TL Zucker
- 5 EL lauwarme Pflanzenmilch
- 500 g Dinkelmehl Typ 630/ Dinkelvollkornmehl (oder mischen nach Geschmack)
- 1 Prise Salz
- 50 g Zucker
- 100 g zerlassene vegane Butter
- 125 ml lauwarme Pflanzenmilch
- 3 EL Sojamehl/Wasser
- etwas Pflanzenmilch (zum Bestreichen)

Mohnfülle

- 500 g Mohn, gemahlen
- 150 g Rohrohrzucker
- 3 EL Agavensirup
- ¼ l Pflanzenmilch (nach Bedarf)
- 1 TL Zimt
- Rosinen nach Belieben

Für die Mohnfülle die Pflanzenmilch erhitzen und mit allen Zutaten zu einem Brei verrühren, dann abkühlen lassen.
Für den Strudel die Trockenhefe (oder frische Hefe) mit Zucker und Pflanzenmilch anrühren und rasten lassen. Mehl in eine Schüssel sieben und mit allen Zutaten mit der Küchenmaschine kneten, bis sich der Teig vom Knethaken löst (oder mit dem Kochlöffel schlagen, bis er Blasen wirft). Anschließend an einem warmen Ort zugedeckt gehen lassen, bis sich der Teig verdoppelt hat.

Nun den Teig in zwei gleich große Teile teilen und auswalken. Beide Hälften jeweils mit Mohnfülle bestreichen und zusammenrollen, auf das Backblech legen und nochmals ca. 20 Minuten gehen lassen. Mit Pflanzenmilch bestreichen, ins vorgeheizte Rohr schieben (unterste Schiene) und bei ca. 180 °C Heißluft 45 Minuten backen.

Nach altem Rezept veganisiert! Der Mohn mit seinem charakteristischen nussigen Aroma vereint sich perfekt mit der Süße des Zuckers und dem Biss der Rosinen.

Apfelstrudel
mit ausgezogenem Strudelteig

2 Strudel

Teig

500 g Mehl (Dinkelvollkorn und Dinkelmehl glatt mischen)
4 EL Pflanzenmargarine
2 EL Sojamehl
1 EL Apfelmus, ungezuckert
1 Prise Salz
240 ml lauwarmes Wasser
2 EL Öl (zum Bestreichen)

Fülle

2 kg Äpfel
120 g Rohrohrzucker
etwas Zitronensaft
100 g Pinienkerne oder Haselnüsse, gehackt
2 TL Zimt und 3 EL Rosinen

Vanillesauce

1 Liter Sojadrink
1 EL Rohrohrzucker
60 g Stärkemehl
2 Vanilleschoten
1 TL Vanilleextrakt (optional)
¼ TL Zimt (optional)

Für den Strudelteig Mehl, die zerlassene Margarine und die restlichen Zutaten zu einem glatten Teig verarbeiten (eventuell mit der Küchenmaschine). Diesen zu einer Kugel formen, mit Öl bestreichen und in einer Schüssel eine halbe Stunde rasten lassen.
Den Teig anschließend halbieren und auf einem mit Mehl bestreuten Küchentuch dünn ausrollen. Mit beiden Handrücken unter den ausgerollten Teig fassen und diesen vorsichtig in alle Richtungen ausziehen.

Für die Apfelfülle die Äpfel in dünne Scheiben schneiden und mit Zucker sowie den restlichen Zutaten mischen und durchziehen lassen.
Nun die Apfelfülle auf den beiden Teigen verteilen und vorsichtig einrollen. Die Rollen auf ein mit Backpapier belegtes Backblech heben und mit zerlassener veganer Margarine bestreichen. Im vorgeheizten Backrohr bei 190 bis 200 °C Ober-/Unterhitze ca. 40 min backen.

Für die Vanillesauce Sojadrink, Rohrohrzucker und Stärkemehl verrühren und aufkochen lassen. Die Vanilleschoten aufschneiden, ausstreichen und mit dem Vanilleextrakt unterrühren. Alles kurz aufkochen lassen (dabei rühren, damit nichts anbrennt). Anschließend heiß oder kalt mit dem Strudel servieren.

Pflanzliches Vanillejoghurt eignet sich gut als Ersatz für die Vanillesauce.

Ein unwiderstehliches Meisterwerk der österreichischen Küche

Vanille-Joghurt-Mousse auf Nuss-Haferflocken-Schoko-Boden

2–3 Personen

100 g Nüsse, gemischt
30 g Schokolade
70 g Haferflocken, fein
1 EL vegane Margarine, zerlassen
100 g vegane Sahne
200 g Sojajoghurt
1 TL Vanilleextrakt
1 TL Agavensirup

Topping mit Früchten der Saison

Die Nüsse und die Schokolade fein hacken. Die Haferflocken und die zerlassene Margarine untermischen. Die Masse in Gläser füllen und andrücken. Die vegane Sahne schlagen, Sojajoghurt, Vanilleextrakt und Agavensirup unter die Sahne heben. Alles auf die Schoko-Nuss-Masse streichen und mit Früchten garnieren.

Diese delikate Kreation vereint die samtige Leichtigkeit von Vanille-Joghurt-Mousse mit der rustikalen Textur eines Haferflockenbodens!

Schneller Marillenkuchen

1 Blech

Teig

400 g Dinkelvollkornmehl
1 Pkg. Weinstein-Backpulver
280 ml Pflanzenmilch
70 g zerlassene vegane Butter
170 g Rohrohrzucker
1 EL Apfelessig
2 EL Leinsamen, geschrotet
½ TL Vanilleextrakt

Belag

600 g frische Marillen
oder Marillen aus der Dose
Staubzucker

Dinkelvollkornmehl mit Backpulver mischen. Anschließend alles mit den restlichen Zutaten verrühren. Nun den Teig in ein mit Backpapier ausgelegtes Backblech streichen.
Die Marillen in Spalten schneiden und auf dem Kuchen verteilen. Diesen bei 180 °C Heißluft ca. 30 min backen. Auskühlen lassen, mit Staubzucker bestreuen und servieren.

Ein Stück dieses saftigen Marillenkuchens bringt den Sommer direkt auf den Teller!

Bananen-Schoko-Tiramisu

2 Personen

- 1 Vanillestange oder 1 TL Vanilleextrakt
- 2 Bananen
- 200 g veganes Mandeljoghurt
- 3 EL veganer Sauerrahm
- 2 TL Kakaopulver
- 10 Schokoherzen
- 1 EL Kakao-Nips
- Agavensirup

Die Vanillestange ausstreifen, eine der Bananen mit einer Gabel zerdrücken. Das Mandeljoghurt und den veganen Sauerrahm mit der zerdrückten Banane und der Vanille verrühren. 4 EL der Bananencreme entnehmen und in einem separaten Gefäß mit Kakao verrühren. Die zweite Banane aufschneiden.

Schichtweise die Bananen, die Schokoherzen und die Banancreme in Gläser füllen. Mit der Bananen-Kakao-Creme, der in Scheiben geschnittenen Banane und den Kakao-Nips garnieren und mit Agavensirup beträufeln.

Das Tiramisu am besten nach dem Zubereiten noch einmal für ein bis zwei Stunden in den Kühlschrank stellen, dann schmeckt es am besten.

Ein krönender Abschluss eines festlichen Essens oder eine kleine Leckerei an warmen Tagen!

Feine Schokocreme
mit Früchten und einem Haferkeks

2–3 Personen

- 500 ml Hafermilch
- 30 g Maisstärke
- 30 g Kakaopulver
- 2 EL Rohrohrzucker
- 2 EL Cashew-Mus (oder ein anderes Nuss-Mus)
- 1 TL Vanilleextrakt oder -pulver
- 100 g vegane Schokolade
- 2 EL Nüsse, gehackt (optional)
- 100 ml vegane Sahne
- Schokoraspeln
- Haferkekse und Früchte nach Wahl (zum Garnieren)

Milch, Kakao, Zucker und Maisstärke kalt verrühren, damit sich keine Klümpchen bilden. Die Masse erhitzen und unter ständigem Rühren ca. 1 Minute köcheln, dann abkühlen lassen (dabei rühren).

Das Cashew-Mus, die Vanille und die zerkleinerte vegane Schokolade einrühren. Eventuell gehackte Nüsse daruntermischen. Die Creme in Gläser füllen und im Kühlschrank abkühlen lassen. Vor dem Servieren vegane Sahne aufschlagen und die Creme mit dieser sowie mit Schokoraspeln garnieren.

Die Creme schmilzt geradezu auf der Zunge und hinterlässt einen langanhaltenden Geschmack nach reiner Schokoladenpracht!

Reisauflauf mit Äpfeln und Preiselbeeren

2–3 Personen

- 200 g Milchreis
- 500 ml Pflanzenmilch
- 2 EL Agavensirup oder Rohrohrzucker
- Zimt
- 4 EL vegane Sahne

Topping

- 2 Äpfel
- 2 EL vegane Butter
- Zimt und Zucker

- 4 EL Preiselbeeren

Den Milchreis waschen und ca. 30 min in Pflanzenmilch einweichen. Dann mit den restlichen Zutaten mischen und zum Kochen bringen, anschließend quellen lassen (ca. 30 min). Nun die vegane Sahne einrühren.
Eine feuerfeste Form oder ein Eisenpfännchen einfetten und ausbröseln. Den gekochten Reis in die Form füllen und die in Scheiben geschnittenen Äpfel auf der Masse verteilen. Butterflöckchen darauf verstreuen, mit Rohrohrzucker und Zimt bestreuen und im vorgeheizten Backrohr bei 180 °C Heißluft 20 bis 25 min backen. Vor dem Servieren ein paar Preiselbeeren auf den Reisauflauf geben.

Ein zeitloser Favorit, der nicht nur den Gaumen erfreut, sondern auch eine gemütliche Atmosphäre schafft!

Chiapudding mit Bananencreme und Himbeergelee

2 Personen

- 3 EL Chiasamen
- 8 EL Mandeljoghurt
- 1 Banane
- 6 EL Vanillejoghurt
- 1 Kiwi
- 200 g Himbeeren
- 1 EL Rohrohrzucker
- Minze

Chiasamen und Mandeljoghurt verrühren und quellen lassen. Die Banane mit einer Gabel zerdrücken und mit Vanillejoghurt verrühren. Die Kiwi in Scheiben schneiden. Die Himbeeren mit Rohrohrzucker kurz aufkochen und abkühlen lassen.

Den Chiapudding in Gläser füllen, seitlich die Kiwi-Scheiben positionieren, anschließend die Bananencreme einfüllen. Die abgekühlte Himbeermasse als Abschluss auf die Creme geben. In den Kühlschrank stellen und vor dem Servieren mit Minze garnieren.

Jeder Löffel dieses Desserts ist eine Reise durch unterschiedliche Aromen und Texturen!

5¢
Get more
Coffe

Marillenknödel mit gerösteten Mandelbröseln

3–4 Personen

200 g Dinkelmehl
200 g Dinkelvollkornmehl
1 Prise Salz
½ TL Backpulver
110 g vegane Butter
1 EL Hartweizengrieß
400 g Quarkalternative oder veganer Skyr
1 EL Sojamehl und 2 EL Wasser mischen (Ei-Ersatz)
2 l Wasser und Salz (zum Kochen der Knödel)

10–12 Marillen

Brösel

2 EL vegane Butter
100 g Semmelbrösel
100 g Mandeln, gerieben
2 EL Rohrohrzucker

Mehl, Salz und Backpulver mischen, die weiche Butter zugeben und alles verkneten. Nun die Quarkalternative, den Hartweizengrieß und den Ei-Ersatz beimengen und alle Zutaten von Hand (oder besser mit einer Küchenmaschine) zu einem geschmeidigen Teig kneten. Zugedeckt ca. 30 min rasten lassen, dann den Teig auf ein bemehltes Nudelbrett geben. Eine Rolle formen, aus dieser 10 bis 12 Kugeln schleifen. Die einzelnen Kugeln vorsichtig auswalken, auf jede eine (kleine) Marille legen und mit dem Teig umwickeln. Die Knödel in das leicht köchelnde Salzwasser geben und ca. 25 min durchziehen lassen.

Für die Brösel Butter in einer Pfanne zergehen lassen, die Brösel und die geriebenen Mandeln mit Zucker hinzugeben und hellbraun anrösten. Die Marillenknödel in den Bröseln wälzen und mit dem Rest der Bröselmischung servieren.

Eine köstliche österreichische Spezialität, bei der die süßen Aromen von Marillen auf einen zarten Teig und knusprige Nussbrösel treffen!

Bratäpfel mit Vanillesauce

4 Personen

- 4 Äpfel (Boskoop, Topas etc.)
- Preiselbeermarmelade
- Zimt
- Mandeln, gehackt
- vegane Butter

Vanillesauce

- 1 l Pflanzenmilch
- 40 g Maisstärke
- Vanillestange oder Vanilleextrakt
- 5 EL Rohrzucker
- 1 Prise Kurkuma (optional für die Optik)

Die Äpfel waschen und mit einem Apfelausstecher das Gehäuse entfernen. Die Äpfel in eine feuerfeste Form stellen und mit Preiselbeeren füllen, dann mit Zimt bestreuen. Butterflocken auf die Äpfel geben und mit den gehackten Mandeln bestreuen. Die Bratäpfel für 20 bis 25 Minuten in das auf 180 °C Heißluft vorgeheizte Backrohr geben.

Für die Vanillesauce Pflanzenmilch in einen Topf geben und mit den übrigen Zutaten verrühren. Aufkochen lassen und die fertigen Bratäpfel mit der Vanillesauce übergießen. Sofort noch heiß servieren.

Die Vanillestange zuerst ausstreifen und dann in der Milch mitkochen. Zum Schluss aus der Vanillesauce entfernen.

Ideal als krönender Abschluss eines festlichen Dinners oder als gemütlicher Genuss an kalten Winterabenden!

Germknödel mit Powidlfülle und Vanillesauce

3–4 Personen

- 500 g Dinkelmehl
- 1 Pkg. Trockenhefe
- Salz
- ½ TL Backpulver
- 250 ml Pflanzenmilch
- 60 g Butter
- 60 g Zucker
- 1 TL Sojamehl

Fülle

- 1 Glas Powidl

Alle trockenen Zutaten mischen, dann mit der Pflanzenmilch und der weichen Butter zu einem glatten Teig kneten und zugedeckt rasten lassen, bis sich das Volumen des Teigs verdoppelt. Den Teig in gleich große Kugeln formen, dann flach drücken und mit Powidl füllen. In ein Küchentuch legen und abdecken, wenn alle Knödel fertig gefüllt sind.

Wasser in einen großen Topf mit einem Gemüsedampfkorb füllen (nur bis zum Boden des Garkorbs), die Knödel einlegen und ca. 15 Minuten dämpfen lassen.

Die Knödel entweder in heißer Butter schwenken und mit Mohn und Zucker bestreuen oder mit Vanillesauce (siehe S. 201) übergießen.

Die Überraschung verbirgt sich im Inneren, denn jeder Knödel ist mit einer großzügigen Portion Powidl gefüllt!

Belgische Waffeln
mit Sahnecreme & Früchten

2–3 Personen

- 2 EL Sojamehl (mit etwas Wasser anrühren)
- 120 g Butter, weich
- 250 g Dinkelmehl Typ 630 (oder besser Dinkelvollkornmehl)
- 60 g Zucker plus Vanilleextrakt
- 350 ml Pflanzenmilch
- 1 Prise Salz
- Öl für das Waffeleisen

- 200 ml vegane Schlagsahne
- 2 EL Haferkeksbrösel
- Früchte nach Wahl

Das mit Wasser angerührte Sojamehl mit der weichen Butter verquirlen, dann alle restlichen Zutaten zur Masse geben und alles zu einem glatten Teig verrühren. Das Waffeleisen erhitzen und einfetten. Je 2 bis 3 EL Teig in die Mitte der Form geben und ca. 2 bis 3 Minuten goldbraun backen.

Die Waffeln zum Schluss mit der Sahne, den Haferkeksbröseln und den Früchten garnieren, anschließend sofort genießen!

Ob als süßes Frühstück, Nachmittagssnack oder festliches Dessert – belgische Waffeln sind vielseitig einsetzbar und immer ein Genuss!

Küchenlexikon Österreichisch - Deutsch

Dampfl	Hefevorteig
Eidotter	Eigelb
Eierschwammerl	Pfifferlinge
Fisole	Gartenbohne, Grüne Bohne
Frittaten	Pfannkucheneinlage (Suppe)
Germ	Backhefe
Karfiol	Blumenkohl
Karotte	Möhre
Kartoffelpüree	Kartoffelbrei
Marille	Aprikose
Melanzani	Aubergine
Palatschinken	Pfannkuchen
Ribisel	Johannisbeere
Rote Bete	Rote Rübe
Sauerrahm	Saure Sahne (Schmand)
Staubzucker	Puderzucker
Topfen	Quark
Zwetschke	Pflaume

Rezeptregister

Danksagung

Ganz herzlichen Dank an Herrn Mag. Christian Wurzer und das gesamte Team vom Tyrolia-Verlag für die angenehme Zusammenarbeit, die Unterstützung und das Engagement – ihr habt alle dazu beigetragen, meine Vision „VeganVibes“ Wirklichkeit werden zu lassen.

Bedanken möchte ich mich bei meinem Mann und meiner Familie fürs Unterstützen beim Schnippeln, Schneiden, Kochen und Verkosten. Aber ganz speziell für die Bereitschaft, sich als geduldige und angenehme Testesser zur Verfügung zu stellen.

Danke, dass du dich für dieses Buch entschieden hast!
Ich wünsche gutes Gelingen und viel Freude mit den veganen Rezepten! Vegane Ernährung und veganer Lebensstil sind gut für die Gesundheit, für die Umwelt und für das Tierwohl!

IMPRESSUM

Nachhaltige Produktion ist uns ein Anliegen; wir möchten die Belastung unserer Mitwelt so gering wie möglich halten. Über unsere Druckereien garantieren wir ein hohes Maß an Umweltverträglichkeit:
Wir lassen ausschließlich auf FSC®-Papieren aus verantwortungsvollen Quellen drucken, verwenden Farben auf Pflanzenölbasis und Klebestoffe ohne Lösungsmittel. Wir produzieren in Österreich und im nahen europäischen Ausland, auf Produktionen in Fernost verzichten wir ganz.

2024

Fotos: alle von Andrea Stigger, außer S. 3, 5, 6–7, 8–12, 13, 15, 16–17, 48–49, 60–61, 64–65, 66–67, 126–127, 170–171, 206 (freepik.com)
Druck und Bindung: DZS, Ljubjana (SLO)
ISBN: 978-3-7022-4174-2
E-Mail: buchverlag@tyrolia.at
Internet: www.tyrolia-verlag.at